HANDBUCH FÜR
HEXEN

Noud van den Eerenbeemt

HANDBUCH FÜR HEXEN

Die moderne Interpretation einer uralten Tradition als Richtlinie für moderne Hexen.

IRIS
Bücher & mehr

Die Originalausgabe erschien unter dem Titel *Handboek voor Heksen* bei Uitgeverij Schors in Amsterdam (1998).

1. Auflage 1999
2. Auflage 1999

Umschlaggestaltung: Studio Paul Pollmann
Umschlagfoto: Annuska Steixner und Floris Leeuwenberg
Illustationen: Elsje Zwart
Übersetzung: Tulika

ISBN 90 76274 72 X

Inhalt

Für meine Lieblingshexe

Vorwort

Die ursprüngliche Fassung des *Handbuch für Hexen* wurde in den siebziger Jahren geschrieben, eine turbulente Zeit in der westlichen Gesellschaft, in der innere Bewußtwerdung, die Entwicklung sprituelller Kräfte und eine Wiederentdeckung der Urkräfte der Natur im Mittelpunkt standen. So ist es auch nicht verwunderlich, daß Noud van den Eerenbeemt, einer der Pioniere des esoterischen "Establishments" der Nachkriegszeit, gerade in dieser Zeit beschloß, traditionelle menschliche Werte, verschiedene esoterische Richtungen, mythologische und historische Entsprechungen und vor allem seine eigenen, "freien" Interpretationen im *Hexen Handbuch* miteinander zu verknüpfen. Dieses Buch bietet jeder Hexe oder jedem, der an Hexerei interessiert ist, eine vortreffliche und deutliche Übersicht der - bedauerlicherweise nur allzu oft vernachlässigten - essenziellen Werte, die unser spirituelles Leben auf dieser Erde in beträchtlichem Maße bereichern können.
Noud van den Eerenbeemt starb 1997. Eine seiner letzten Arbeiten als Autor war die Überarbeitung des *Handbuch für Hexen*. Seine zahlreichen Korrekturen, Veränderungen und Ergänzungen haben dafür gesorgt, daß dieses "neue" Handbuch, das uralte Traditionen auf deutliche Weise mit dem modernen Menschen (der modernen Hexe) in Zusammenhang bringt, mehr als je zuvor als einzigartiger Führer auf unserem spirituellen Lebensweg gelten kann.

Der Verlag

Was ist Hexerei? Oder warum die Göttin Astarte zum Dämon Astaroth wurde.

Stelle dir vor: Ein voller Mond an einem mit Sternen übersäten, mittsommernächtlichen Himmel. Eine leicht hügelige Landschaft. Wälder, ein kleiner See und am Ufer: Du. Der lauwarme Wind streichelt deinen nackten Körper. Wasser plätschert um deine Füße. Aus dem Wald klingt der Ruf einer Eule. Glühwürmchen tanzen zwischen den Bäumen und du schaust auf die bleiche Kugel des Mondes, der sich vor dir im See spiegelt, in dem du den silbernen Pfad erkennst, der über das Wasser zu ihr führt.
Da stehst du, in der Natur, als ein Kind derselben - in wärmender Einheit mit der kosmischen Mutter, die dir dein Angesicht gab. Sie hat viele Namen: Astarte und Ishtar, Diana und Arianrhod; Lilith und Freya.
Stelle dir vor: Du und eine Gruppe gleichgesinnter Menschen, tanzend im Kreis zur Musik einer Flöte. Um dich herum stehen Bäume, die eine mondbeschienene Stelle im Wald abgrenzen und hinter ihnen - die Naturgeister, die Waldbewohner: Zwerge und Elfen, Feen und Waldfeen, Satyre und Faune, Nymphen und Baumgeister.
Stelle dir vor, daß du tanzend in die mystische Einheit dieser Gruppe aufgenommen wirst - dann in die des Waldes und danach in die des ganzen Universums - und erfahre, wie sich die Göttin

auf unaussprechliche Weise in dir offenbart. Sie ist die große Mutter, die Himmelskönigin, die Geliebte aller Götter und seit undenklichen Zeiten wird sie in all ihren Erscheinungsformen verehrt: als Isis und Sybille, Inanna und Demeter, Venus und Maria. Der römische Schriftsteller Apuleius (124 - 185) läßt Lucius, eine der Figuren aus "Der goldene Esel", zu Isis, der Herrscherin über die Elemente, beten: "Gesegnete Königin des Himmels, ob Du nun gerne gesehen werden willst als Ceres, die erste Mutter der Ernte, die aus Freude über die Rückkehr ihrer verlorenen Tochter Proserpina unsere Väter erlöste und ihnen anstelle von Eicheln aus Getreide gebackenes Brot gab, das in den fruchtbaren Ebenen von Elysium gewachsen war; oder als die himmlische Venus, die jetzt im Hafen von Paphos verehrt wird und die zu Beginn der Schöpfung die Geschlechter in gegenseitiger Liebe vereinte und so dafür sorgte, daß der Mensch die eigene Art erhalten konnte; oder als Artemis oder als die schreckliche Proserpina, ich flehe Dich an, unter welchem Namen auch immer, und mit Zeremonien, die Deiner würdig sind, erbarme Dich meiner.
Und die Göttin antwortete: "Ich bin die Natur, die universelle Mutter, die Herrscherin über die Elemente, Kind der Zeit bevor die Zeit bestand, Gebieterin über alle geistigen Dinge, Königin der Toten und der Unsterblichen, die einzige Erscheinung aller Götter und Göttinnen, die es gibt. Ein Nicken meines Kopfes regiert die schimmernden Höhen des Himmels, den gewaltigen Wind der Meere, die elende Stille der Unterwelt. Obwohl ich in vielen Erscheinungsformen und unter zahlreichen Namen verehrt werde und man mich mit allerlei Ritualen in Zusammenhang bringt, betet auf der ganzen Erde nur mich alleine an!
Isis, die hier spricht, hat eine zwölffältige Art. Sie ist die Weisheit, der Mond, die ewige Jungfrau, die alle Gegensätze in sich vereint, die Städtebauerin, die Gemahlin des Osiris, die Mutter des Horus, der Geist aller Nahrung, die Erde, die Göttin des Wassers des Nils, die Hüterin der Geheimnisse und die Frau, die Erlösung schenkt. Diese Bilder erinnern uns an die Symbole, mit denen die Litanei "Unsere Liebe Frau" eine andere Erscheinungsform der kosmischen Jungfrau und Mutter beschreibt: Spiegel der Gerechtigkeit, Sitz der Weisheit, Grund unserer Freude, Füllhorn des Geistes, ehrwürdiger Gral der Gottesfurcht, geistige Rose, Turm des Da-

vid, Elfenbeinturm, goldenes Haus, Bundeslade, Himmelstor, Morgenstern, Schutz der Kranken, Zuflucht der Sünder, Trösterin der Verstoßenen usw.
Was ist das Wesen der irdischen Frau? Sie ist das, was der Marmor für den Bildhauer ist. Was das Farbenspektrum für den Maler und Tinte und Papier für den Schriftsteller sind, nämlich das Material, ohne das der Künstler seinem Ideal keine Gestalt geben kann. Nur durch eine vollkommene Vereinigung von Geist und Materie, Inhalt und Form, kann sich der Prozeß einer Neuschöpfung aus dem Nichts vollziehen. Ohne Materie, der man eine Gestalt geben kann, ist es dem Geist unmöglich, etwas zu erschaffen. Ohne Frau kann der Mann sich nicht in seiner Nachkommenschaft bestätigt sehen. Mann und Frau, Kopf und Herz, Geist und Stoff, Form und Inhalt, bilden eine Einheit, die sich in dieser gespaltenen Welt der Erscheinungsformen als Dualität ausdrückt. Die Frau ist Ausdruck des Empfangenden und Unbewußten in der Natur: des Stoffes. Der Mann ist Ausdruck des Schöpfenden, Aktiven, Bewußten in der Natur: der Geist, das Bewußtsein. Durch die Vereinigung von Geist und Materie kann die Frau ihrem Wesen einen bestimmten, bewußten Inhalt geben. Siehe folgende Beispiele: König-in, Held-in, Feind-in, Teufel-in. So wird die kosmische Frau Gott - Göttin.
"Gott als Frau" klingt ungeläufig in einer Welt, in der das männliche Prinzip - das Denken - so lange angebetet wurde und in der Gott sich ausschließlich als Mann offenbarte. Die Priesterin des

silbernen Sterns kann sich in drei Erscheinungsformen manifestieren. Die erste ist die einer jungen Frau. Dann ist sie Diana, die junge Göttin der Jagd und des Mondes. Die zweite ist die der guten Frau und Mutter. Dann ist sie Freya, die Gemahlin des germanischen Gottes Wotan oder Isis, die Gemahlin des ägyptischen Gottes Osiris, die Horus das Leben schenkte. Oder sie ist Maria, die "Dienstmagd des Herrn", die vom Heiligen Geist befruchtet wurde, so daß das Wort Fleisch werden konnte. Ihre dritte Erscheinungsform ist die der Frau, welche die beiden vorigen Stadien hinter sich gelassen hat, das alte Weib, die alte Hexe. Dann ist sie Hekate, die griechische Göttin der Hexerei, der Phantome, der Friedhöfe und der Beinhäuser und eine Frau "vor der selbst die Hunde zittern".

Alle Muttergöttinnen sind in ihrem Wesen Fruchtbarkeitsgöttinnen. Die Förderung der Fruchtbarkeit der ganzen Natur ist stets die treibende Kraft ihrer Religion und Rituale gewesen. Die Mysterien von Astarte und Ischtar wurden im Mittleren Osten mit Orgien gefeiert und sogar bei den sittlicheren Riten zu Ehren der Isis, wurde heilige Tempelprostitution betrieben. Die Muttergöttinnen wurden mit der Sexualität gleichgesetzt, da ihre Fruchtbarkeit nur durch sie wirklich Früchte hervorbringen kann. Das Leugnen, das Unterdrücken und das Verstümmeln ihres tiefsten Wesens würdigte sie herab zu Dämonen der Leidenschaft. Astarte, die sowohl von den Phöniziern als auch von den alttestamentlichen Kanaanitern verehrt wurde, wurde auf diese Weise zum hebräischen Dämon Astaroth, weil ihr Name von den sittlichen Hebräern mit ihrem Wort für Schande (*bosheth*) in Zusammenhang gebracht wurde. Astaroth wurde zum gefürchteten Prinzen der Dunkelheit. Sein wichtigstes Merkmal war ein stinkender Atem.

So wurde Diana, die jungfräuliche Mondgöttin der Römer, deren Heiligtum sich im Walde von Patricia am Ufer eines Sees befand, der der "Spiegel der Diana" hieß, zum frühchristlichen Dämon namens Dianas. Noch im Jahre 1318 beschuldigte Papst Johannes XXII. die Mitglieder seines Gefolges in Avignon der Hurerei mit Diana.

Auch Lilith, die erste Frau Adams, nahm eine andere Gestalt an. Die Überlieferung besagt, daß Adam 133 Jahre mit ihr verheiratet war, bevor sie sich von ihm trennte. Adam ist das Sinnbild des männlichen Pols der Persönlichkeit: des Denkens. Lilith ist die dunkle Seite des Mondes, die von der Erde abgewandt ist. Sie symbolisiert die dunkle, atavistische tiefste Tiefe der Seele, ein Schlupfwinkel für Dämonen, die das Licht scheuen. Die Assyrer kannten sie als Lili, ein sexuell unersättlicher, weiblicher Dämon; sie war die Königin und Mutter der Succubi, Dämonen, die schlafende Männer verführten und jeden Tag hundert Teufel zur Welt brachten. Der Tradition zufolge hat Gott sie ursprünglich, genau wie Adam, aus einem Erdkloß geformt und darum fühlte sich Lilith Adam ebenbürtig und lenkte das männliche Denken. Die Überlieferung drückt dies mit den folgenden Worten aus: "Beim Geschlechtsverkehr wollte Lilith immer oben liegen", was soviel bedeutet wie: die aktive, führende Rolle spielen. Als Adam sich nach einiger Zeit dagegen wehrte und selbst "oben liegen" wollte, verließ Lilith ihn. Nachdem sie sich geweigert hatte, zu ihm zurückzukehren, bekam er Eva zur Frau - eine Frau seiner eigenen irdischen Art und "eine Rippe aus seinem Leib". Danach wurde Lilith der bösartigste aller Dämonen. So wie es neun Engelchöre gibt, Himmelsbewohner, die ihren Sitz in der göttlichen Natur des Menschen haben, so gibt es auch neun Orte für Höllenbewohner, die in unserer Mensch/Tier-Natur ihren Sitz haben. Und so kommen sie in Menschengestalt an die Oberfläche, für jedermann erkennbar: falsche Geister, lügnerische Geister, Verbreiter der Ungerechtigkeit, Diener des Bösen, Betrüger, Luftgeister, unheilbringende Furien, Aushöhler und Untergraber, Verführer und Betörer. Dies sind die Kinder der Lilith, über die sie als Königin herrscht.

Gehe jetzt in Gedanken zu der mondbeschienenen, offenen Stelle im Wald zurück, an der du die Stimme der göttlichen Isis vernahmst; dahin, wo die göttliche Arianrhod der keltischen Druiden sich dir offenbarte. Wo Ischtar und Diana gegenwärtig waren, wo du das Wesen der Natur und dadurch auch dein eigenes, tiefstes Wesen erforschen konntest. Da, wo du begriffen hast, daß im ganzen Universum nur eine Frau existiert und daß alle irdischen Frauen, die dich umgeben und von denen du möglicherweise selbst eine bist, nur an Zeit und Raum gebundene, irdische Gesichter von ihr sind. Stelle dir nun vor, daß du diese überwälti-

gende göttliche Kraft, das Unaussprechliche, das sie zum Ausdruck bringt, nach außen projizierst und zwar mit der vollen Absicht zu heilen, zu segnen, zu vernichten oder zu verfluchen. Das nun ist Hexerei - die Vereinigung der entgegengesetzten Pole: Geist und Materie, Osiris und Isis, Mann und Frau werden auf geistigem, seelischem und körperlichem Niveau durch Geschlechtsverkehr zum Ausdruck gebracht, der so vollkommen wie möglich ist. Das Ritual der Mutter ist eines der Liebe, der Einheit und der Sexualität. Du weißt jetzt, welche kosmische Kraft nach außen projiziert wird, um sich positiv oder negativ auszuwirken. Hexerei ist ein alter, vorgeschichtlicher und vorchristlicher Kult, in dessen Mittelpunkt eine Fruchtbarkeitsgöttin und ein Gott des Todes und der Auferstehung stehen. In verschiedenen Teilen der Welt hatten der Gott und die Göttin verschiedene Namen. In den nordischen Ländern hieß die Muttergöttin Freya. Sie ist die Gemahlin des Wotan und offenbart sich in ihrer "jungfräulichen" Gestalt als Frija, "die Geliebte aller Götter". Sowohl Frija als auch Freya können sich in einen Vogel verwandeln und bringen der Menschheit Heil und Segen. Beide ruft man bei Geburten zu Hilfe. Auch das Christentum konnte diese alten, seit unvordenklichen Zeiten ausgeübten, heidnischen Rituale und Gebräuche

nicht verdrängen. Diana jedoch nahm die Gestalt des Dämonen Dianas an und der gehörnte Gott des Lebens, des Todes und der Auferstehung wurde zum Satan.
Die Hexenprozesse nahmen ihren Anfang. Anhänger der alten Religion landeten vor dem Richter und wurden dazu verurteilt, den Tod auf dem Scheiterhaufen zu sterben und außer ihnen starben auch viele andere Unschuldige, die Intrigen zum Opfer gefallen waren. Nachdem Papst Gregor der Große (590-604) in seinem letzten Lebensjahr die ersten Hexenprozesse anordnete, sind im Laufe der folgenden tausend Jahre schätzungsweise neuneinhalb bis zwölf Millionen Menschen dem Hexenwahn zum Opfer gefallen.

Der alte Kult der Fruchtbarkeitsgöttin und des gehörnten Gottes des Todes und der Auferstehung wurden auf dem europäischen Festland mit Stumpf und Stiel ausgerottet. Hexen lebten im Volksglauben und in Erzählungen lediglich als böswillige, alte Weiber fort, die Tod und Verderben brachten und so stellten sie die negative Seite der Göttin dar, wie sie in der Hexengöttin Hekate zum Ausdruck kommt.
In England blieb der Kult der Fruchtbarkeitsgöttin und des Gottes des Todes und der Auferstehung über mehrere tausend Jahre erhalten. Zahlreiche *covens* stehen heute unter der Leitung von Männern und Frauen, deren Urahnen die alte Religion seit Gene-

rationen vom Vater auf den Sohn und von der Mutter auf die Tochter weitergaben. Ihre Vorfahren wendeten magische Kräfte an, die durch das Abhalten der Rituale freigesetzt wurden, um den Eroberer Napoleon aus England fernzuhalten. Auf die gleiche Weise verhinderten ihre Eltern die Invasion Hitlers. Es ist bekannt, daß die deutsche Kriegsflotte in den Häfen an der gegenüberliegenden Seite des Kanals lag, jedoch nicht ausgefahren ist. Heutzutage wenden sie ihre positiven Kräfte zur Heilung von Mensch und Tier an.

Als die alte Religion durch die Aufhebung früherer Verbote wieder an die Öffentlichkeit treten konnte, wurde sie auch wieder bekannter. In den Vereinigten Staaten und Westeuropa bildeten sich Gruppen, die sich mit dem Kult der Göttin und des Gottes beschäftigten. Bedauerlicherweise ging dies in manchen Fällen Hand in Hand mit einer wachsenden Anzahl von Dogmen und Freiheitsbeschränkungen.

Tausende von Jahren vor unserer Zeitrechnung gab es eine sehr hochstehende Kultur auf der Welt. Alte Texte und Überlieferungen erinnern an diese Tatsache. Die Edda erwähnt zum Beispiel, daß dies eine Zeit war, in der die Menschen so weise waren, daß ein goldener Ring drei Jahre lang auf einem Weg liegen konnte, ohne daß ihn jemand aufhob. In anderen Überlieferungen spricht man vom "Goldenen Jahrhundert der Menschheit", in dem die Tiere noch sprechen konnten oder besser gesagt: in dem die Menschen sie noch verstehen konnten. Es ist jene Zeit, in der sich unsere Märchen abspielen: "Vor langer, langer Zeit..." und "Es war einmal...". In jenen Tagen waren die Menschen noch jung und reinen Herzens, pur und unschuldig.

Aus diesen ruhmreichen, längst vergangenen Zeiten, als die Erde noch jung war und die Menschen noch glücklich lebten, stammen die wunderbaren keltischen Volkserzählungen über Zauberkessel, die Speise und Trank in Überfluß erzeugen konnten, Tote wieder zum Leben erweckten und denjenigen, die aus ihnen aßen, ewige Jugend schenkten. Erzählungen, die in frühchristlicher Zeit zur Gralslegende verschmolzen. Die magischen Kessel stellten die Natur dar, die Überfluß und ewiges Leben schenkte - jedoch nur jenen, die bereit waren, alles dafür aufs Spiel zu setzen. Der berühm-

te Zauberkessel des Riesen Tymac weigerte sich zum Beispiel, für Feiglinge zu kochen.
Der Gral ist die Schale, in dem das Herzblut des sterbenden Jesus aufgefangen wurde und die anschließend von Joseph von Arimathea in diesen Teil der Welt gebracht wurde. Es ist jedoch auch der Kelch des heiligen Abendmahls. In einer anderen Version wird der Gral beschrieben als "eine Schale, weder aus Holz, Stein oder Metall, an deren Rande Gottesbotschaften in flammenden Buchstaben erschienen und wieder verschwanden". Für den Schriftsteller des Gralromans *Parzival*, Wolfram von Eschenbach (1170-1220), war der Gral ein Stein, der jedem, der ihn ständig im Auge behielt, ewige Jugend schenkte. Die Bedeutung dieser verschiedenen Sinnbilder ist deutlich. Jedes einzelne widerspiegelt auf seine eigene Weise das Füllhorn voller Weisheit, Liebe und guten Gaben, mit denen Isis, bzw. Mutter Natur, ihre Kinder labt.

Die Natur ist unsere Mutter. Wir bestehen *in* ihr und *durch* sie. Wir brauchen sie nicht zu erobern, zu bezwingen, zu beherrschen oder zu überwältigen. Wir brauchen sie nur kennenzulernen. Wir finden sie in jeder Frau und dabei sind Namen nichts weiter als nur Namen. Sie ist einzigartig, hat jedoch viele Gesichter. Schau dich nur um und du wirst sie finden; ganz in deiner Nähe, wo du sie wahrscheinlich nicht gesucht hast.
Mann, wisse dies: Nur wenn du *sie* vergöttlichst, kannst *du* Gott werden und sie Göttin. Dein "Selbst" findest du nur in deinem eigenen Herzen und in ihren Augen. Schau nur, zusammen könnt ihr aus der göttlichen Kraft der Lichtexplosion, die man Orgasmus nennt, täglich neue kosmische Kraft schöpfen. Das ist der Sinn. So schöpft ihr zusammen neues Leben und wird ein neues

Gotteskind geboren. Nur so bekommt dein Leben Sinn und bekommst du Lust zu leben. Und noch eins Mann, lasse sie immer "oben liegen". Sie ist der Gral. Die Himmelskönigin. Die Bewacherin der Geheimnisse. Die Frau, die Erlösung bringt.

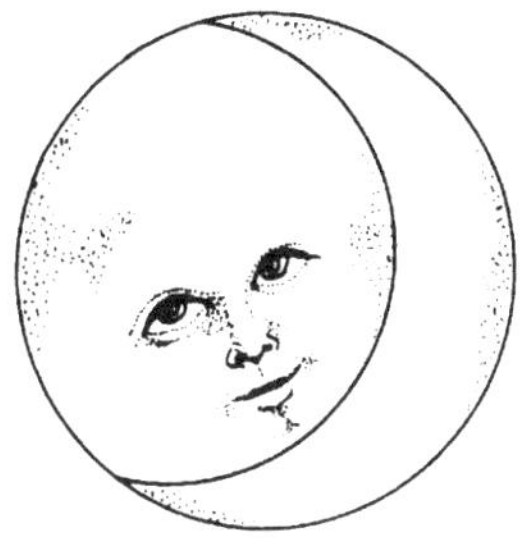

Der Mond ist ihr Symbol. Außer dem Mond, den wir kennen - die "normale" irdische Frau - gibt es auch noch den schwarzen Mond. Das ist die von uns abgewandte Seite, welche die kosmische Frau symbolisiert, die wir Isis oder Astarte, Maria, Demeter, Sibylle oder ganz einfach Mutter Natur nennen. Es ist jene Seite des Mondes, die bis vor kurzem kein einziger Mensch je zu Gesicht bekommen hat, die jedoch jetzt, nach dem Anbruch des Wassermann-Zeitalters, auf wissenschaftliche Weise kartiert wird. Siebzehn mal ist der Mensch zum Mond geflogen und was er mitbrachte, außer vielen Kilos Steine, war die Erkenntnis, daß die tote, erloschene Mondkruste mehr als die Hälfte dünner ist, als man ursprünglich angenommen hatte und daß der innere Kern des Mondes nicht tot ist, sondern lebt. Diese Entdeckung - das Resultat der siebzehnten Mondreise - betont symbolisch, daß das negative, passive, empfangende, weibliche Prinzip in der Natur, das positive, aktive, schöpfende, männliche Prinzip umschließt und daß die Schale, die dieses dem Auge entzieht, dünner und poröser ist, als man ahnen konnte.

Die Göttin ist überall. Sie widerspiegelt sich in der Tierwelt, jedoch auch in der Welt der Symbole. Eines dieser Symbole ist die Jungfrau - mit ihr wird das Bild der jungen Frau, die auf "Befruchtung" wartet, zum Ausdruck gebracht. Sie kann dir auch alle Schätze offenbaren, die sie im Schoße ihrer Sprache vor dir ver-

birgt. Unsere eigene Muttersprache ist eine wahre Offenbarung. Alles liegt in ihr verborgen. Wer richtig hinhört, wer hört, was andere sagen und was er selbst sagt, wird wahrhaftig Botschaften Gottes am Rande der Gralschale aufflammen und wieder verschwinden sehen.
Dies ist ein Buch über die Frau und alle Geheimnisse ihres Charakters. Darum ist es ein Handbuch für Hexen.

Über den Nabel der Welt und das Wesen der weißen und schwarzen Magie.

Wo die Sphären von Göttern und Menschen einander berühren und zu einer Einheit verschmelzen, befindet sich der Mittelpunkt der Erde und dies ist der Nabel der Welt. Dort befindet sich die Quelle, aus der die Welt der Menschen genährt wird und aus der die Kraft hervorquillt, mit deren Hilfe sie sich entwickelt.
Der Ort, an dem Himmel und Erde einander berühren, lag für die alten Griechen im Apollonheiligtum in Delphi. Zeus selbst hatte den Mittelpunkt der Erde bestimmt, indem er einen Adler an die äußerste Ostgrenze und einen zweiten an die äußerste Westgrenze der Erde brachte. Beide Vögel flogen daraufhin mit gleicher Schnelligkeit aufeinander zu und trafen sich oberhalb von Delphi. Darum wurde der Omphalos, ein nabelförmiger Stein, der im Apollontempel stand, von zwei goldenen Adlern flankiert. Die Priesterin des Apollo war Pythia, das Orakel von Delphi. Sie saß auf einem hohen Thron in einem unterirdischen Raum und atmete die Dämpfe ein, die aus einem Erdspalt aufstiegen und beantwortete die Fragen, die ihr gestellt wurden, in Orakelsprache. In der Pythia verschmolz die Welt der Götter und die der Menschen zu einer Einheit und dank ihr konnte das Licht des Sonnengottes auf die Erde scheinen. Sie war der Nabel der Welt.
Andere Völker suchten den Nabel der Welt an anderen Orten. Die alten Chinesen fanden ihn in Peking, wo ein Sohn des himm-

lischen Reiches als Kaiser auf dem Thron saß. Der Kaiser war die stoffliche, irdische Gestalt, deren sich der himmlische Geist des Jade-Kaisers bediente. In ihm verschmolzen die Sphären von Himmel und Erde zur Einheit.

Das göttliche Volk der Inkas erscheint ungefähr im Jahre 1000 zum ersten Mal in der Geschichtsschreibung als ein umherziehender, geheimnisumwitterter Indianerstamm, der urprünglich aus östlicher gelegenen Gebieten stammte und fanatisch nach dem *Cuzco*, dem Nabel der Welt suchte. Die Inka führten einen aus Gold geschmiedeten Sonnenstrahl mit sich, den sie in jeder Niederlassung auf den Boden legten. In einem abgelegenen Bergdorf, an der Quelle des Apurimac, versank der Sonnenstrahl im Boden. Das war für sie das Zeichen, daß sich hier der Nabel der Welt befinden mußte. So entstand hier die heilige Stadt *Cuzco*, ein Wort, das buchstäblich "Nabel" bedeutet. Innerhalb von vier Jahrhunderten entwickelte sich das Bergdorf zum religiösen Mittelpunkt von Tahuantinsuyu, dem Reich der vier Windrichtungen, das im Bewußtsein ihrer Bewohner die ganze, ihnen bekannte Erde umfaßte und außerhalb dessen nichts weiter existierte. Der Sapa Inka, der Sohn der Sonne, herrschte über dieses Reich im Auftrag seines göttlichen Vaters. Aus der Überzeugung heraus, den Nabel der Welt gefunden zu haben, schöpften die Inkas das tiefe göttliche Selbstvertrauen, mit dem sie die unwirtlichen Anden in ein Königreich der Sonne verzauberten, in dem Himmel und Erde, Götter und Menschen zu einer Einheit verschmolzen.

Der menschliche Nabel ist der Omphalos des Mikrokosmos; der Mittelpunkt der Welt der menschlichen Personlichkeit. Durch unseren Nabel wachsen wir in einem vollendeten Zyklus von neun Monaten in diese Welt der stofflichen Formen und Erscheinungen hinein. Neun Monate lang ist die Nabelschnur die Verbindung zur kosmischen Mutter, so wie die Erde in einer irdischen Mutter Gestalt annimmt. Neun Monate wird das neue, sich entwickelnde Menschenkind durch sie genährt, so daß es geistig und körperlich wachsen kann. So nimmt in einem irdischen Mutterschoß ein neuer, besser gesagt "ins Leben gerufener" Geist stoffliche Formen an. So begegnen sich auch im menschlichen Nabel die Sphären von Himmel und Erde. Der Nabel ist das Tor, durch das wir diese irdische Welt betreten. Daher ist es gar nicht so ab-

wegig, wenn kleine Kinder glauben, durch den Nabel ihrer Mutter geboren zu sein.
Sofort nach der Geburt wird die stoffliche Nabelschnur, die das neugeborene Menschenkind mit seiner Mutter verbindet, durchtrennt, was aber nicht bedeutet, daß damit auch das enge Band zur kosmischen Mutter zerschnitten wird. Diese stoffliche Zweiteilung ist jedoch nur Schein, wie alles andere in der stofflichen Welt. In Wirklichkeit ist alles Eins und miteinander verbunden; auch die geistige Nabelschnur zwischen Mutter und Kind bleibt bestehen. So ist auch der menschliche Nabel ein Omphalos, an dem die Welt der Götter und die der Sterblichen einander begegnen und daher ist er der Mittelpunkt deiner Wirklichkeit.
Suche den Nabel der Welt dort, wo der Nabel deiner Welt ist und wenn du ihn gefunden hast, ist es unwichtig, ob deine Fundstelle in Delphi, Peking oder Cuzco liegt. Das Reich der vier Himmelsrichtungen oder das Königreich der Sonne ist überall; und jeder, der die Balance der Dinge und den Mittelpunkt des Daseins sucht, hat von jeher "Nabelschau" betrieben.
Wer auf diese Weise den Nabel der Welt in sich selbst entdeckt, erfährt wirklich und wahrhaftig die Einheit von Makro- und Mikrokosmos und entdeckt, was oben und was unten ist. Es ist die irdische Manifestation, deren sich die Götter bedienen, um ihr Königreich der Sonne auf Erden Gestalt zu geben. Die Götter sind jene unvergleichlichen, kosmischen Kräfte, die in ihrer Totalität dem Dasein Form geben und die im Mond und in den Planeten Merkur, Venus, Mars, Saturn, Jupiter, Uran, Neptun und Pluto ihre stoffliche Form finden. Indem er sich seines eigenen Wesens bewußt wird, verändert sich der Mensch in eine Sonne, in einen strahlenden "Punkt des Bewußtseins" im Universum, in einen Mittelpunkt, um den herum die Planeten ihre Bahnen beschreiben. Dann ist auch Zauberei möglich.

Was ist Zauberkunst?

Zaubern ist die bewußte Beeinflussung der "unteren" Natur mit Hilfe der "höheren" Natur, die Veränderungen herbeiführt. Unter dem Begriff "höhere Natur" verstehen wir die Existenz wirksamer

Zauberkräfte, wohingegen die "untere Natur" die irdischen Formen sind, die sie angenommen hat.

Wie kommt Zauber zustande?

Die Auswirkung von Zauber kann man am besten anhand der Formen der Chladnischen Klangfiguren des deutschen Naturforschers Ernst Florenz Friedrich Chladni (1756-1790) erklären.
Chladni streute eine dünne Schicht Sand auf eine Metallplatte und versetzte diese anschließend mit Hilfe eines Geigenbogens in Schwingung. An den Stellen, an denen die Platte angestrichen wurde, bildeten sich symmetrische Figuren. Der Sand ist das Chaos, die noch ungeordnete Materie. Der Bogen, mit dem die Metallplatte des Daseins in Schwingung versetzt wird, sind die kosmischen Kräfte. Die Form der auf diese Weise in den Stoff des täglichen Lebens erschaffenen Muster ist abhängig von dem "Punkt, der angestrichen wird". Indem man einen bestimmten "Anstreichpunkt" auswählt und ihn bewußt "in Schwingung versetzt", können auf magischem Wege gewisse Muster oder besser gesagt "Wirklichkeiten", geschaffen werden.
Es fiel Chladni auf, daß seine Experimente nur dann erfolgreich waren, wenn er die Metallplatte an einem oder an mehreren Punkten festhielt - womit zum Ausdruck gebracht wurde, daß es unerläßlich ist, daß man die Metallplatte des Lebens im Griff hat. Dieses "im Griff haben" ist der kosmische Einblick in das Wesen aller Dinge. Indem man das Wesen einer Situation ergründet und danach bewußt den "Anstreichpunkt" dieser Situation auswählt und aktiviert, kann man der Magie freien Lauf lassen, um so die betreffende Situation bewußt in andere Wege zu leiten, bzw. ihr Muster zu verändern. Dabei ist es von großer Wichtigkeit, zu erkennen, daß sich dieser "Anstreichpunkt" ausschließlich *in deiner eigenen Persönlichkeit* befinden kann. Deine Umgebung, deine Situation, deine ganze Wirklichkeit ist ein Spiegel dieser Persönlichkeit und den Bogen, mit dem du die Schwingungen auslöst, die das Bild deiner Wirklichkeit verändern, findest du in deinem Herzen. Anwesenheit und Abwesenheit sind die beiden Gegensätze des menschlichen Daseins. Etwas ist an- oder abwesend; dies ist die Dualität dieser Welt der Erscheinungsformen. Diese Zwie-

spältigkeit findet man auch in Licht und Dunkelheit, Wärme und Kälte, Wissen und Unwissenheit. Man findet sie auch in weißer und schwarzer Magie zurück.
Weiße Magie ist der Weg der rechten Hand, bzw. des bewußten Teils der Persönlichkeit. Es ist das Wissen um die Einheit aller Dinge und alle Handlungen entspringen diesem Wissen. Weiße Magie bewegt sich immer von innen nach außen, vom Wesen der eigenen Persönlichkeit zum Mitmenschen. Weiße Magie findet ihre Triebfeder in der Liebe zum anderen und durch diese Liebe kann ein Mit-ein-ander entstehen. Stelle dir eine Welt von Menschen vor, in der jeder uneigennützig und auf den anderen gerichtet ist und du sieht die Menschheit in Liebe vereint.
Weiße Magie wirkt im Verborgenen, sie ist nicht aufdringlich. Sie ist nicht darauf ausgerichtet, den anderen zu "verbessern". Sie bezieht den anderen in die Einheit aller Dinge ein und sieht in ihm einen Teil der vielen Erscheinungsformen des Einen und eine Widerspiegelung eines Teils des eigenen Selbst.
Weiße Magie gibt, ohne Dank zu erwarten, weil dies das Wesen der Natur ist.
Weiße Magie heilt, schenkt und nährt, sie bringt Frieden und Glück, weil sie ihren Ursprung in jener Liebe hat, von der Paulus schrieb: "Die Liebe ist langmütig und freundlich, die Liebe eifert nicht und treibet nicht Mutwillen, sie bläht sich nicht auf. Sie stellt sich nicht ungebärdig, sie suchet nicht das Ihre, sie läßt sich nicht erbittern, sie trachtet nicht nach Schaden. Sie freuet sich nicht der Ungerechtigkeit, sie freuet sich aber der Wahrheit. Sie erträgt alles, sie glaubet alles, sie hoffet alles, sie duldet alles. (1. Kor. 13)
Alles ist eins und diese Einheit bewirkt, daß du alles, was du gibst, *zurück empfängst*, weil du es letztendlich dir selber gibst. Alles Gute wird reichlich vergolten. Was du säst, das wirst du ernten - so lautet die Regel von Ursache und Wirkung und die Folge ist Gerechtigkeit.

Schwarze Magie ist der Weg der linken Hand, bzw. des unbewußten Teils der Persönlichkeit. Es ist der Weg des "unteren Selbst", der ins Verderben führt. Das Merkmal der schwarzen Magie ist das völlige Fehlen eines Bewußtseins von der Einheit aller

Dinge und alle Handlungen werden aus Unwissenheit verrichtet. Schwarze Magie bewegt sich von außen nach innen, das bedeutet: Sie ist selbstsüchtig und wird vom Verlangen nach Besitz und Macht getrieben, das ständig durch Reize von außen aktiviert wird. Es ist das "Ich will" des "niedrigeren Selbst", das Faß ohne Boden der Wünsche und Leidenschaften. Schwarze Magie hat ihre Triebfeder in der Eigenliebe und der Isolation. Letztere ist die logische Folge der ersten und bewirkt so die Trennung von der Einheit. Wenn man sich eine Welt vorstellt, in der die Menschen alle auf sich selbst gerichtet sind, so hat man das Bild unserer modernen Gesellschaft vor Augen. Lauter egozentrische und einander bedrängende Individualisten.
Schwarze Magie ist aggressiv und unbarmherzig in der Ausbeutung anderer für eigennützige Zwecke. Schwarze Magie nimmt und ist niemals zufrieden.
Sie kränkt, verdirbt, entzieht, sät Unheil und Verwüstung und richtet zu Grunde, da ihr die Liebe fehlt. "Wenn ich mit Menschen- und mit Engelszungen redete und hätte die Liebe nicht, so wäre ich ein tönendes Erz oder eine klingende Schelle" schrieb Paulus, "Und wenn ich weissagen könnte und wüßte alle Geheimnisse und alle Erkenntnis und hätte allen Glauben, also, daß ich Berge versetzte, und hätte die Liebe nicht, so wäre ich nichts. Und wenn ich alle meine Habe den Armen gäbe und ließe meinen Leib verbrennen und hätte die Liebe nicht, so wäre mir's nichts nütze." (1. Kor. 13).
Die fehlende Einsicht in die Einheit der Schöpfung kann den Einfluß der Gerechtigkeit nicht verhindern und darum wird auch derjenige, der sich unwissentlich mit schwarzer Magie beschäftigt, ausschließlich das ernten, was er selbst gesät hat: Streit und Zwietracht, Unheil und Unglück, Haß, Neid und Verderben. Das Gesetz von Ursache und Wirkung wirkt wie ein treffsicherer Bumerang. Wir sind alle sowohl gut als auch schlecht. Sowohl weiß als auch schwarz finden sich in unserer Seele und in jedem Augenblick entscheiden wir uns für eine der beiden Möglichkeiten.
Jede Form der Anwendung von Magie zu Zwecken des "unteren Selbst", ist eigentlich schwarze Magie. Wer glaubt, sich der schwarzen Magie bei bestimmten Gelegenheiten bedienen zu können, muß sich sehr gut im klaren darüber sein, daß er die Konsequenzen seines Handelns - die Folge der in Gang gebrach-

ten Wirkung - auf keinen Fall übersehen darf. Zum Beispiel: Du bist nicht gerade begeistert von einem Besucher, der sich angekündigt hat und beschließt darum, seinen Besuch zu verhindern. Das einzige, was du tun mußt, ist in Gedanken deinen eigenen Wohnort und den des Besuchers sowie ihre Lage zueinander visualisieren, um anschließend, wiederum mit deiner schöpferischen Vorstellungskraft, eine funkelnde Feuerlinie zwischen beiden Orten zu ziehen; ein nicht zu überwindendes Hindernis, das beide Orte voneinander trennt und das es dem Besucher unmöglich macht, dich aufzusuchen. *Fühle*, *begreife*, *wisse*, daß der andere die Feuerlinie unmöglich überschreiten kann. Wenn deine Projektion stark genug ist - und die Kraft durch das ruhige, feste Vertrauen untermauert wird, daß es so und nicht anders geschehen wird - wird sie sich im wirklichen Leben bewahrheiten und der Besucher wird absagen.

So geht dein Ego-Wunsch in Erfüllung, aber die Art und Weise, *wie* er in Erfüllung geht, hast du nicht unter Kontrolle. Welche "natürlichen" Möglichkeiten bieten sich? Eine wird sich verwirklichen, aber du kannst vorher unmöglich wissen, welche das sein wird. Dein Besucher kommt nicht, weil er es sich in letzter Minute anders überlegt hat. Das ist eine Möglichkeit. Er kann auch wegbleiben, weil er plötzlich auf unerklärliche Weise ernstlich krank geworden ist, dies ist eine zweite Möglichkeit. Vielleicht hat er sich auch dazu entschlossen, jeden Kontakt mit dir abzubrechen. Und schließlich ist es auch noch möglich, daß er, während er zu dir unterwegs war, tödlich verunglückt ist. Nur völlige Unwissenheit über die kosmischen Mechanismen, die in Gang gesetzt werden und über die Konsequenzen, die sich daraus für sie und andere ergeben, kann Menschen dazu bringen, Zauberei zu betreiben, um die Wünsche ihres Egos zu befriedigen.

Benutze deine Zauberkraft niemals, um zurückzuhalten, zu verhindern, zu "strafen", zu durchkreuzen oder zu zwingen und du brauchst dich in deinem Leben nie verzweifelt zu fragen, was du um Himmels willen angerichtet hast und wie du das Unheil jemals wieder gutmachen kannst. Lasse alle Geschehnisse in deinem Leben, jeden Besuch, wer es auch sein mag, ruhig auf dich zukommen. Alles, was in deinem Leben mit dir geschieht und alles, was du erfährst, dient ausschließlich zur Verdeutlichung be-

stimmter Dinge, du kannst etwas daraus lernen oder es verhilft dir zu neuen Einsichten. Und das geschieht wie von selbst. Du bekommst das, was du verdienst. Du brauchst keine Angst zu haben, etwas zu versäumen. Versuche, was das Wohl des "unteren Selbst" anbelangt, nicht, oder so wenig wie möglich, in den natürlichen Hergang einzugreifen. Dadurch kannst du dir viel Ärger und Frustrationen ersparen.
Es mag deutlich sein, daß negative, Ich-gerichtete Schwingungen, die aus der Ego-Seele aufsteigen, ein völlig anderes Muster in den Sand deiner alltäglichen Wirklichkeit zeichnen als positive, auf andere gerichtete, uneigennützige Schwingungen. Weiße Magie, die liebevoll ist und hegt und pflegt, kann das Gesicht der Erde erneuern. Schwarze Magie, die haßt, verwundet und abstößt und ausschließlich in Egoismus wurzelt, erschuf die entseelte Konsumgesellschaft, die jetzt im Begriff ist, sich selbst zu verzehren und irgendwann im Chaos untergehen wird. Egoistisches Denken, Fühlen und Handeln haben die Erde entheiligt und geplündert und sie zu dem gemacht, was sie jetzt ist: ein geschundener Planet, der seinen Glanz verloren hat.

Leser, kannst du Schach spielen?

Dann sind dir die gradlinigen Wege des Turms bekannt, die diagonalen Wege des Läufers und auch die schiefen Pferdesprünge. Auch weißt du, daß der König zwar in alle Richtungen einen Schritt machen kann, die Königin jedoch die eigentliche Herrscherin des Spieles ist. Kennst du auch die tiefe, innere Bedeutung des Spiels? Weißt du, womit du dich beschäftigst, wenn du Schach spielst? Das Schachbrett ist der Boden des Hauses der Mysterien. Die 64 Felder bilden das 8 x 8 des magischen Merkur-Quadrats, das Begriff, Erkenntnis und Glück bringt und dessen Ergebnis

2080 ist, eine Zahl, die in numerologischer Hinsicht die Totalität des gesamten Daseins darstellt: 2 (Die Muttergöttin) + 0 (unbegrenzte Möglichkeiten) + 8 (Ursache und Wirkung) + 0 (unbegrenzte Möglichkeiten) = 10 = 1 ("ich bin") + 0 (unbegrenzte Möglichkeiten) = 1 (ein NEUES "ich bin").

Auf dem Schachbrett spielen weiß und schwarz, hell und dunkel, positiv und negativ ihr Spiel und planen, genau wie deine eigene Seele, ihre Züge. Die Türme symbolisieren die Grenzen der Materie. Betrachte einmal die XIII. und die XVIII. Karte des Tarotspiels, auf denen sie abgebildet sind. Sie begrenzen in erster Linie das Spielfeld des irdischen Daseins. Neben ihnen stehen die Pferde, die das Triebleben, die tierischen Leidenschaften symbolisieren. Das Pferd ist ein "edles Tier", mit Kopf, Beinen und Füßen, was bedeutet, daß dieser animalische Aspekt der Persönlichkeit ein höheres, menschlicheres Niveau erreichen kann. Bis dies jedoch soweit ist, machen die Pferde auf dem Schachbrett des täglichen Lebens ihre schiefen Sprünge. Die Läufer, sie sind die Ratgeber des Denkvermögens, die in geradlinigen, diagonalen Gegensätzen verbindend und überbrückend sind. Es gibt zwei Türme, zwei Pferde und zwei Läufer, was auf die Dualität bewußt/unbewußt hinweist.

Im Mittelpunkt des großen Spiels stehen der König und die Königin. Der König ist das Symbol des männlichen Prinzips, des bewußten Seins und kann in alle Richtungen schauen, aber nicht viel weiter, als seine Nase reicht. Der König ist die einzige Schachfigur, die nicht geschlagen werden kann. Er verliert jedoch das Spiel, sobald er so eingeschlossen ist, daß er der Umzingelung der anderen Macht nicht mehr entrinnen kann. Dann ist das Spiel vorbei und "weiß" oder "schwarz" hat gewonnen, der König jedoch lebt weiter.

Die Königin ist die einzige, die das ganze Feld beherrscht, geradlinig, diagonal und in alle Richtungen. Sie birgt die Eigenschaften von Turm und Läufer in sich und nur die schiefen Pferdesprünge sind ihr unbekannt. In der Königin kann sich der König frei entfalten. In ihr findet er seinen größten Halt. Die Königin symbolisiert das weibliche Prinzip: das Gefühl, die Intuition und die Weisheit.

Die acht Bauern sind der Ausdruck der Gesetzmäßigkeit von Ursache und Wirkung, in der die Wirklichkeit eines jeden menschlichen Wesens Gestalt bekommt und die untrennbar mit der 8, der Zahl des Schicksals und der Gerechtigkeit, verbunden ist. Außerdem stellen sie die acht Eigenschaften der vier Elemente dar, nämlich die Hitze und Trockenheit des Feuers (Bewußtsein), die Kälte und Nässe des Wassers (Gefühl), die Wärme und Feuchtigkeit der Luft (das Denkvermögen) und die Trockenheit und Kälte der Erde (die Materie), die der Reihe nach zur Geltung kommen. In den acht Bauern finden wir auch alle Eigenschaften zurück, die uns zu dem werden lassen, was wir sind, nämlich: unsere fünf Sinne, unser Wille, unser Gedächtnis und unser Verstand.

So wie man die Persönlichkeit eines Schachspielers ergründen kann, indem man auf seine Züge achtet, so zeichnen die Züge von "weiß" und "schwarz" in deiner Seele ein Bild von deiner eigenen Persönlichkeit. "Weiß" und "schwarz" sind die Kehrseiten einer einzigen Medaille und deshalb gibt es in deiner Seele nur einen Spieler *und das bist DU*. Wenn weiß am Zuge ist, so ist das Resultat weiße Magie. Handelt es sich um schwarze Magie, so kann nur schwarz am Zuge sein. Weiß ist das Licht, das *Erleuchtete* in dir. Es ist dein "Selbst", das sich auf andere richtet und aufwärts strebt. Schwarz ist die Dunkelheit, das Negative in dir. Es ist das "untere Selbst", welches das eigene Ich so in den Mittelpunkt stellt, daß es ausschließlich an sich selbst denken kann und darum erdgebunden ist.

Der Niedergang und der geistige Verfall der nordamerikanischen Indianer begann, als man sie aus ihren runden Zelten zerrte und sie dazu zwang, in rechteckigen Häusern mit viereckigen Fenstern zu wohnen. Bis dahin waren die Sonne und die Welt rund und unendlich wie ein Kreis gewesen. In einem Haus wurde dies plötzlich anders. Dort wurde der ewige Kreislauf unterbrochen. Plötz-

lich war alles begrenzt. Die Einheit des Seins ging verloren und der geistige Verfall setzte ein.
Sobald Menschen den innigen Kontakt mit dem Kosmos und der Natur verlieren, werden sie krank und geistiger und körperlicher Verfall ist die Folge. Dies gilt nicht nur für die Indianer, die so ihren Blick auf die Ewigkeit verloren haben, sondern auch für jene Menschen, die in Städten, Bürohochhäusern, Gefängnissen, Fabriken, Geschäften und Fertigungshallen, in Kasernen und in den trostlosen Etagen von Altersheimen langsam verkümmern.
Der Mensch ist ein Teil der Natur. Der Mensch IST die Natur. Sie manifestiert sich in ihm am bewußtesten. Der Mensch ist der Herr der Schöpfung und man nennt ihn auch die Krone der Schöpfung. Leser, der Mensch war nicht immer so wie er jetzt ist. Abgestumpft vom Lärm und vergiftet von der Nahrung, die er zu sich nimmt und von der Luft, die er atmet und durch das geistige Gift, das ihn täglich über die sogenannten Kommunikationsmittel erreicht, geht er schweren Trittes durchs Leben. Viele Kinder werden im Zustand der Trunkenheit gezeugt. Andere verfluchen ihre Eltern, die ihnen das Leben schenkten. Angst und Unsicherheit zeichnet sich auf ihren Gesichtern ab. Frauen verwelken jung. Männer versauern schnell. Wenn bei Tieren ebenso viele Krankheiten, Mißbildungen und körperliche Gebrechen vorkämen als beim Menschen, so würde es in der Natur erbärmlich aussehen, von seelischen Leiden und Geisteskrankheiten ganz zu schweigen!
Das ist nicht immer so gewesen. Alte Überlieferungen berichten von glücklicheren Völkern, die lebten, als die Erde noch jung war. Der Grieche Hesiodot, der ca. 800 Jahre vor unserer Zeitrechnung lebte, schreibt von einer goldenen Rasse, die einst die Erde bewohnte. Zu dieser Zeit waren die Menschen den Göttern ebenbürtig. Sie lebten von den Früchten des Feldes, die die Erde von selbst hervorbrachte. Nach einem langen und glücklichen Leben starben sie eines sanften Todes, ohne alt geworden zu sein. Nach ihnen kam die silberne Rasse, dumme, aggressive und gottlose Menschen, die der Legende zufolge hundert Jahre jung blieben, danach jedoch sehr schnell alterten. Dann kam die bronzene Rasse, die sich selbst vernichtete und keine Spuren hinterließ. Zu diesem Zeitpunkt lebten die Menschen nicht mehr von den Früchten des Feldes, sondern sie töteten Tiere, um sich von ihnen zu

ernähren. Die bronzene Rasse räumte das Feld für die Heldenrasse, die bei Troja kämpfte und jetzt auf den Inseln der Glückseligkeit wohnt. Hesiodot prophezeite, daß nach ihnen die eiserne Rasse kommen würde und daß die Menschen dieser Rasse, aufgrund ihres eigenen Scheiterns, schwer geprüft werden würden. Harte Arbeit, Leiden und Vernichtung würde ihr Schicksal sein und ihre Kinder würden das Licht der Welt mit grauem Haar erblicken.

Mit der eisernen Rasse, die momentan diese Erde bewohnt, hat die Entwicklung der Menschheit ihren Tiefpunkt erreicht. Hierauf kann nur das Ende der Welt und somit das Ende von allem, was ihre alltägliche Wirklichkeit ist, folgen. Danach wird die goldene Rasse zurückkehren - in diesem Punkt stimmen alle Überlieferungen überein. Kriege und Handel werden verschwinden. Die Erde wird gereinigt und erneuert sein und großzügig ihre Früchte hervorbringen und aus den Eichen wird Honig strömen. Plutarch schrieb vor 2000 Jahren in seiner "Isis und Osiris": *Die meisten der Alten und Weisen sind davon überzeugt, daß eine bereits vorher festgelegte Zeit anbrechen wird, in der die Erde völlige Einheit erleben wird. Es wird nur eine Lebensweise und eine Regierungsform geben und die Menschheit wird nur eine Sprache sprechen und glücklich sein.*

Es ist die Einheit des jetzt angebrochenen Zeitalters des Wassermanns, von dem Plutarch sagt: ein Zeitalter der neuen Bewußtwerdung in einer völlig neuen Wirklichkeit. Diese Metamorphose wird sich von selbst vollziehen, was jedoch nicht bedeutet, daß sie von selbst kommen wird. Die Metamorphose aller sterblichen Wesen und aller zweigeteilten Dinge in eine ewige und unteilbare Einheit, die unendliche Glückseligkeit schenkt, muß *bewußt* zustande kommen. Die einzig richtige Person, die deine Wirklichkeit verändern kann, bist DU und du kannst dies nur erreichen, wenn du alle in dir vorhandenen kosmischen Kräfte *bewußt* in den Dienst anderer stellst. Gib. Benutze deine Zauberkraft, um andere zu heilen und zu beschützen, ihnen Vertrauen und Sicherheit zu schenken und sie auf diese Weise glücklich zu machen.

Benutze zu diesem Zweck alle Möglichkeiten, welche die Natur dir bietet, und arbeite so, in Einheit mit anderen, an einer neuen Schöpfung. Mache dir um Himmels Willen keine Sorgen über das, was in dieser alten, sterbenden Welt noch unsicher, hoffnungslos und besorgniserregend erscheinen mag. Begreife, daß du alle materiellen Sorgen, auch jene über den eigenen Körper, hinter dir lassen wirst. Schöpfe mit deiner ganzen göttlichen Einbildungskraft eine "Fluchtmöglichkeit" aus dieser zum Tode verurteilten alten Welt. Erschaffe eine neue Wirklichkeit, eine, deren Ausgangspunkt das Wesen des Universums ist und die darum über die Welt der stofflichen Dinge hinaussteigt, und sei davon überzeugt, daß sich der neue Mensch jetzt in DIR verwirklicht. Denke nicht, daß du zu diesem Zweck ans Ende der Welt reisen mußt. Nur in deinem eigenen Herzen wird der Sonnenstrahl deines Bewußtseins auf fruchtbaren Boden fallen, so daß du den Nabel der Welt finden und dort den leuchtenden Mittelpunkt des Sonnenreiches errichten kannst. Dort werden Himmel und Erde, Geist und Materie einander begegnen. Dort wirst du, im Auftrag deines göttlichen Vaters, über das unbegrenzte Reich der vier Windrichtungen herrschen, das nicht von dieser alten, kranken Welt stammt und hier wirst du dir der Weisheit und der Liebe der göttlichen Mutter, der Natur, täglich bewußter. Hier gehörst du bereits zur goldenen Rasse, welche die Erde bewohnen wird.

Wir betreten das Reich der Pflanzen und sprechen über die Sprache der Blumen. Auch hören wir vom Weltenbaum und wie der Mensch sich selbst in der Natur findet.

Mild duftende Maiglöckchen in einem schattigen Waldtal. Klatschmohn, Kornblumen, Ginster und Schlüsselblumen, die am Wegesrand wachsen. Sommerliche Wiesen, besät mit Gänseblümchen und gelben Butterblumen.
Dunkle, wogende Fichtenwälder reichen bis zum Horizont. Sonnenüberflutete, blühende Heide, auf der nur einzelne Wachholdersträucher Schatten spenden. Enzian und Wolfsmilch, Alpenrose und Edelweiß, gelbes und orangefarbenes Moos, das der Bergwelt in großer Höhe Farbe verleiht. Grasbewachsene grüne Hügel. Dünen, auf denen der Meereswind durch das hohe Helmgras streicht. Die Gärten der Menschen voller Holunder, Hecken- und Stockrosen, Tulpen, Chrysanthemen, Veilchen, Astern und Nelken. Platanen und Akazien, Weiden und Pappeln, Linden und Birken in Stadtparks. Wir befinden uns im Reich der Pflanzen.
Blumen machen Freude, sie bezeugen Anteilnahme, sie erklären die Liebe und sie schenken Lebenskraft, Schönheit und Glück. Blumen sprechen, lächeln, sind geduldig und zeigen sich in ihrem ganzen Wesen. Sie denken nach und sie sterben.
Kräuter kräftigen und heilen, sie schenken uns Einsicht, jedoch auch Vergessen; sie geben Leben, aber auch den Tod. Bäume sind aufgrund ihrer Schönheit, ihrer Kraft und Würde, ihrer Treue und

Vertrauenswürdigkeit heilig. Dies sind die wunderbaren Wesen, die das Pflanzenreich bevölkern.
Ihr Fürst ist Soma, der Geheimnisvolle. Ob sein Name nun *Asclepias acida* oder *Sarcostem a viminalis* ist, hat die Wissenschaft noch nicht entschieden. Im alten Indien bereiteten die Priester aus seinem Stengel einen wahren Göttertrank, der Gesundheit und ein langes Leben schenkte und ihnen einen Blick in die Ewigkeit gönnte. Der Legende zufolge erschuf Indra das Universum unter Einfluß von Soma. Später brachte man Soma, den König der Pflanzen, mit dem Mond und der Muttergöttin in Zusammenhang.
An seinem Hof lebten die Prinzen und Prinzessinnen des Pflanzenreiches: Peyote, in dem die Göttin Meskalin wohnt; Teonanacatl, der heilige Pilz; Opium, das seine Anbeter zu seinen Sklaven macht, für dessen Liebkosung viele jedoch alles hergeben würden. Der Teestrauch, den der schwedische Botaniker Linnaeus Camellia sinensis nannte, entsproß den Augenlidern des Bodhidharma, als er sie abschnitt, um zehn Jahre ununterbrochen meditieren zu können. Am königlichen Hof leben auch die Nachkommen des *Coffea*-Geschlechtes. Weise Araber und Perser behaupten, daß es der Erzengel Gabriel war, der dem Propheten Mohammed das erste Gebräu aus seinen Beeren darreichte; angeblich hat er das Getränk bis ins hohe Alter und bei guter Gesundheit getrunken.
Außerdem gibt es den aufgeklärten Adel des Pflanzenreiches - die Edlen und Höflinge, die dem königlichen Hof dienen: Ayahuasca, dessen botanischer Name *Banisteria caapi* lautet, eine Pflanzenart, die Visionen schenkt und bewirkt, daß Menschen im Dunkeln gleich gut sehen können wie bei Tageslicht; das sanftmütige Marihuana; die dunkle Belladonna, die Extase, aber auch den Tod herbeiführen kann; die Liane, auch *Haemadictyon amazonica* genannt, aus der südamerikanische Indianer yagé bereiteten, das außerirdische Visionen hervorruft; *Amanita muscaria*, bei uns Fliegenpilz genannt, der nichts mit dem Insekt, aber alles mit dem Fliegen zu tun hat; der verräterische Tabak; Alraun, ein Sonderling an Somas Hof, der behauptet, alle Schlösser öffnen zu können; und Knoblauch, der die bösen Geister vertreibt.
Das Pflanzenreich umschlingt die ganze Erde mit seinen Wurzeln und seine Bewohner sind unzählig. Eine Pflanze ist mehr als ihr

stoffliches Erscheinungsbild allein. Jede Pflanze hat ihre eigene Wesensart, die sich auf ihre Weise ausdrückt. Jede Pflanze hat, ebenso wie ein Mensch, ein Tier oder ein Mineral, einen feinstofflichen Körper.
Die nun leider verloren gegangene Kunst der Palingenese war eines der größten Wunder der Alchimie. Alchimisten, wie z.B. *Kirchner*, *Digby* und *Vallemont*, beschäftigten sich mit ihr und verschiedene Zeitgenossen berichteten von gelungenen Experimenten, in deren Rahmen eine "Auferstehung der Pflanzen" stattfand.
Palingenese ist die Vernichtung des grobstofflichen Teils einer Pflanze, wonach die feinstoffliche Form zum Vorschein gezaubert wird. Dieses Experiment wurde vorzugsweise mit einer Rose gemacht. Der Stengel der Blume wurde leicht geklopft und danach verbrannte man die ganze Pflanze. Aus der Asche wurde durch Kalzination ein Salz gewonnen, das in einem Glaskolben mit einem Stoff vermischt wurde, dessen Zusammensetzung die Alchimisten nicht enthüllen wollten. So entstand ein sehr feines, blaues Pulver. Der Kolben wurde über einer Flamme langsam erhitzt und durch die Wärme wurden die feinen Teilchen des Pulvers in Bewegung gesetzt. Diese bildeten schließlich, erst vage, allmählich jedoch immer deutlicher, den Stengel, die Blätter und die Blüte der verbrannten Rose. Sobald der Kolben vom Feuer genommen wurde, verschwand die Erscheinung, um bei erneuter Erhitzung wieder zum Vorschein zu kommen.
Das Experiment wurde im siebzehnten Jahrhundert den Wissenschaftlern der *Royal Society* in London vorgeführt. Die Gelehrten waren sehr zufrieden mit dem Resultat und bestätigten, daß die Rose, durch Erwärmung des Kolbens, wie aus dem Nichts zum Vorschein kam und danach, bei Abkühlung, wieder verschwand. In Paris beschäftigte sich das *Institut de Paris*, finanziell unterstützt von Ludwig XIV., mit ähnlichen Experimenten. Die Resultate dieser Untersuchungen wurden als *Miscellania Curiosa* veröffentlicht. Bei diesen Versuchen benutzte man die Körper von zum Tode verurteilten Menschen. In einem der Berichte war zu lesen, wie aus einem pulverisierten Schädel die Gestalt eines hingerichteten Verbrechers erschien. Den Herren des Instituts gelang es, dieses Phänomen wissenschaftlich zu erklären.

Genau wie alles andere im Dasein ist auch die Palingenese ein Sinnbild, das einen Gedanken zum Ausdruck bringt. In diesem Fall zeigt man, wie aus der grobstofflichen Materie des “unteren Selbst”, unter Einwirkung von Feuer, aus dem Element des Bewußtseins, ein neues, feinstoffliches “höheres Selbst” entsteht, das jedoch nur durch das Bewußtsein bestehen kann und wieder verschwindet, sobald sich dieses bewußte Sein zurückzieht. Das geheimnisvolle Pulver, das die Asche blau färbte, ist die Weisheit. Sie färbt die Asche der Rose blau und blau ist die Farbe des höheren Bewußtseins. Nur dadurch kann die Transformation stattfinden. Die Alchimisten nahmen das Geheimnis des Pulvers mit ins Grab und so ging die Kunst der Palingenese verloren, wurde jedoch in anderer Form neuerfunden.

Der schwedische Schriftsteller und Alchimist Johan August Strindberg (1849-1912) verbrannte die Blüten einer Pflanze, löste die Asche auf und ließ diese Lösung verdampfen. In der Kristallisation konnte man die Formen der ursprünglichen Blüten erkennen. In Eisblumen auf Fensterscheiben fand er die Formen von Pflanzen zurück, die den Kreislauf des Wassers durchlaufen hatten und durch Kristallisation wieder sichtbar wurden.

Die feinstoffliche Rose, die im Glaskolben des Alchimisten erscheint, ist die Rose in der Rose. Es ist die mystische Rose des Rosenkreuzes, die im Rosenhut und Rosenkranz immer der geistigen Rose - der Mutter-Jungfrau - gleichgesetzt wird. Die Rose ist für den Westen, was der Lotus für den Osten ist. Ihre Blütenblätter sind ebenso zahlreich wie die der Lotusblume und auch ihr Herz ist aus Gold. Blumenreich spricht sie die Blumensprache, die für sie die Sprache der Liebe ist. Jede Rose spricht über die Liebe - sie muß, da es ihr Wesen ist. Die rote Rose sagt: "Ich liebe dich". Die weiße Rose sagt: "Ich bin deiner würdig" und die chinesische Rose spricht von einer sich stets erneuernden Schönheit. Die gelbe Rose äußert ein wenig Eifersucht. Eine rote und eine weiße Rose zusammen sagen alles über Vereinigung und Zusammensein. Ein Röschen ohne Dornen ist rührend, weil es von noch junger und zarter Liebe spricht. Eine Rose in der Farbe einer sich rötenden Mädchenwange, flüstert schüchtern: "Wenn du mich lieb hast, verstehen wir einander ohne Worte". Eine Rosenknospe beschreibt junge, reine Schönheit und wenn die Rosenknospe weiß ist, erzählt sie von einem jungen Mädchen, das die Liebe zum ersten Mal kennenlernt. Eine Rose, die sich über zwei Knospen entfaltet, verspricht "ich werde unser Geheimnis für mich behalten". Stelle so einen Strauß mit guten Wünschen für den Liebsten zusammen und wähle deine Worte mit Liebe aus.
Die Sprache der Blumen ist die Sprache des Pflanzenreiches. Wenn du für das individuelle Wesen einer jeden Blume empfänglich bist und dein eigenes Wesen mit ihm füllst, lernst du, diese Sprache zu verstehen und tiefer zu ergründen und kannst mit der Blume in Kontakt treten.
Blumen sind Projektionen einfacher menschlicher Gefühle, die "dem Licht entgegen wachsen". In jeder Blume kommt ein Zustand oder ein Charakter zum Ausdruck und demzufolge auch ein Aspekt der menschlichen Persönlichkeit. Die Wahrheit hiervon kannst du erfahren, indem du dich der betreffenden Blume anvertraust. Manchmal weist ihr Name dir den Weg, wie z.B. die Sonnenblume. Ein Teil der Blumensprache ist im Volksglauben und in Mythen erhalten geblieben. Wer diese Sprache beherrscht, hat einen vollendeten Weg gefunden, anderen seine Gefühle zu zeigen.

Wir lassen jetzt einige Blumen sprechen. Hör zu, was sie zu sagen haben. Maiglöckchen: "Rückkehr vom Glück". Butterblume: "Ich habe noch niemanden". Gänseblümchen: "Ich träume von dir". Hier folgen noch einige Begriffe in der Blumensprache.
Holunder: "Eifer". Veilchen: "Bescheidenheit". Blaues Veilchen: "Treue". Nelke: "Unerschrockenheit". Iris: "Botschaft" Rote Tulpe: "Ich liebe dich". Gelbe Tulpe: "diese Liebe ist hoffnungslos". Die Blüten der gelben Akazie symbolisieren heimliche Liebe.
Die Sprache der Blumen kennt auch Warnungen. Der Rhabarber warnt vor Gefahr und die Anemone vor Krankheit. Verdorrte Blätter flüstern von stiller Trauer. Belladonna bringt tödliche Stille.

Im Aufblühen einer jeden Blume in den Strahlen der Sonne spiegelt sich das Bewußtwerden eines Menschenkindes wider. Der Mensch wächst mit dem Pflanzenreich dem Licht entgegen. Im Pflanzenreich lebt die unbewußte Pflanzenseele in Einheit mit allen Lebewesen. Darum sind Pflanzen sehr empfänglich für menschliche Stimmungen. Samenkörner, die man beim Keimen liebevoll ermutigt, wachsen schneller und besser als andere, denen man täglich auf negative Weise zuspricht, wie: "Wage es ja nicht, aus der Erde zu kommen"! Dies kannst du selbst wahrnehmen.
Bei Versuchen wurden zwei Blumenbeete mit identischem Saatgut - die Erde und ihre Behandlung war bei beiden Beeten völlig gleich - mit Schildern versehen. Auf dem einen Schild stand "Behandelt", auf dem anderen "Unbehandelt". Das Saatgut mit der Aufschrift "Behandelt" ging schneller auf und wuchs schneller als das im anderen Beet. Die Pflanzen wurden höher und voller und ließen die "unbehandelten" weit hinter sich. Die Ursache dieser

Gegebenheit war beim Gärtner zu suchen, der die beiden Beete täglich pflegte, aber nicht wußte, daß sich der Samen in dem einen Beet in keiner Weise von dem im anderen unterschied. Für ihn war es selbstverständlich, daß das "behandelte" Saatgut viel besser wachsen würde als das "unbehandelte". Unbewußt brachte er selbst die "Behandlung" mit seiner schöpferischen Phantasie in Gang. *Die ganze sogenannte "alltägliche Wirklichkeit" wird auf diese Art durch Erwartungen und Ängste, die sich der menschlichen Einbildungskraft bedienen, zustande gebracht.* Bei anderen Experimenten hat man nachgewiesen, daß Pflanzen auf Schmerzen anderer Lebewesen in ihrer Umgebung reagieren und daß sie sich im wahrsten Sinne des Wortes krümmen, wenn man ihnen böswillig begegnet. Mit Hilfe von Präzisionsinstrumenten konnten Untersucher feststellen, daß Pflanzen reagieren, sobald ihre Betreuer, die sich in etlichen Kilometer Entfernung von ihnen befinden, ihre Gedanken auf sie konzentrieren. Durch die Erschließung dieser neuen Dimension des Pflanzenreiches eröffnet sich auch eine neue Dimension im menschlichen Bewußtsein. Kann man die Einheit von allem, was lebt, noch deutlicher zeigen?
Jede Pflanze hat ihre eigene Seele und diese Seele lebt in unbewußter Einheit mit deiner Seele. Nimm dies zum Ausgangspunkt, sobald du zu Pflanzen Kontakt aufnimmst. Jede Aufmerksamkeit, die du der Pflanze schenkst, ist geistige Nahrung, die sie blühen und gedeihen läßt. Wenn du gesät hast, gehe zweimal täglich - wenn du wirklich verblüffende Resultate sehen willst, sieben Mal täglich - zum Saatgut. Spreche mit ihm und gieße es mit liebevollen und ermutigenden Gedanken. Sobald das Wachstum der Pflanzen über der Erde beginnt, solltest du sie so häufig wie möglich loben. Gieße sie mit magnetisiertem Wasser und achte auf die Resultate.
Den Naturvölkern ist die Einheit mit der Pflanzenseele bekannt. Frazer vermeldet in *The Golden Bough*, daß Frauen bewußt mit offenem Haar Reis säten, um die Pflanzen dazu zu bringen, kräftig zu wachsen. Wenn der Reis blüht, darf man in der Nähe der Reisfelder keinen Lärm machen, um einer Mißernte zuvorzukommen. In manchen Teilen der Welt machen die Bauern auf ihren Feldern Luftsprünge, um so die Ernte zu höherem Wachstum zu inspirieren. Wenn auf den Molukken die Gewürznelkenbäume blühen, gehen Menschen, die eine Kopfbedeckung tragen,

nicht in die Nähe dieser Bäume, um sie nicht zu erschrecken und den Blüten keinen Schaden zuzufügen.
Die Heilkräuter sind die größten Freunde des Menschen im Pflanzenreich. Alte Überlieferungen berichten, daß die ersten Heilkräuter von den "Töchtern der Menschen" gepflückt wurden, die laut Schöpfunsgeschichte der Bibel "die Söhne Gottes" heirateten und ein "Geschlecht der Riesen" zeugten, das in der Sintflut unterging.
Die alten Griechen benutzten Heilkräuter in den Tempeln des Asklepios, die in Epidauros, Pergamon, Crotona und auf Kos standen. Außer Kräutern wandte man hier auch die heilenden Kräfte der Musik an. Man behandelte den Körper, die Seele und den Geist der Kranken. Die Therapie war speziell darauf ausgerichtet, eine geistige Bezauberung hervorzurufen, die tatsächlich Wunder bewirkte. Zur Behandlung gehörte auch der sogenannte Tempelschlaf: Der Kranke wurde, nach einer Periode des Fastens und der Reinigung des Geistes, in einen hypnotischen Schlaf versetzt. Während des Schlafes wurde er (wie) im Traum von der Gottheit, in der Gestalt eines Priesters, besucht. Dieser sprach mit ihm über seine Krankheit und sein Leben. Nachdem der Kranke aufgewacht war, erklärte der gleiche Priester ihm die Bedeutung seines Traumes und schrieb anschließend die Behandlung vor, mit deren Hilfe er geheilt werden konnte. In den Tempeln des Asklepios wimmelte es von (ungiftigen) Schlangen. Die Schlange - ein Symbol der Weisheit - galt den Priestern/Ärzten als heiliges Tier ihrer Gottheit.

Die alten Hindus waren einzigartige Heiler. Sie praktizierten verfeinerte Chirurgie, welche die Studenten erlernten, indem sie Pflanzen und Blätter statt Tiere als Versuchsobjekte benutzten. Sie kannten siebenhundertfünfzig Heilkräuter. Es gibt keine Krankheit, gegen die kein Kraut gewachsen ist. Wir wollen hier jedoch nicht auf die Eigenschaften der Heilkräuter eingehen, diese kann der Leser in den vielen Büchern und Nachschlagewerken, die hierüber geschrieben wurden, nachlesen.
Das Pflanzenreich erstreckt sich nicht nur auf dem Land, es dehnt sich auch unter Wasser aus, in den Flußbetten und auf dem Meeresgrund. Dort liegen die grünschimmernden Landschaften der Wasserpflanzen - Somas Unterwasserreiche. Das Pflanzenreich umspannt die ganze Erde und die Sonne geht niemals in ihm unter. Isis kleidet sich mit Formen und Farben in unendlichen Schattierungen, da nur diese Ausdruck ihrer grenzenlosen Herrlichkeit und kosmischen Kraft sein können. Wer die Reinheit und jungfräuliche Unschuld der Göttin sehen will, kann sie im Pflanzenreich bewundern. Die Gesetzmäßigkeiten des Karmas sind für Pflanzen nicht gültig, da sie keine Begierden kennen. Sie wurden unbefleckt empfangen und ihre Unschuld führt sie zum Licht.

Was kann man über Bäume sagen?

Beeindruckendere Bewohner des Pflanzenreiches gibt es nicht. Ihr Alter, ihre Stärke und ihre Gestalt flößen uns Respekt ein. Im irdischen Paradies, in dem unser Erdenleben seinen Anfang nimmt, steht der Baum des Lebens und der Wahrheit neben dem Baum der Erkenntnis des Guten und Bösen und beide schenken dasjenige, was ihr Name beinhaltet: Erfahrung und Einsicht.

Was kann man noch über Bäume sagen?

Ein Bote, von einem anderen, weit entfernten Planeten, wird gleich bei seiner Ankunft auf der Erde vor ein großes Rätsel gestellt. Vor einer uralten Eiche stehend, schaut er auf die hin und

her wiegende Baumkrone, in welcher der Wind mit unzähligen Blättern spielt und fragt: "Was ist das?"
"Das ist ein Baum" erklärt ihm ein Erdbewohner.
"Was ist ein Baum und wie kommt er dort hin?" Der Erdbewohner bückt sich und hebt eine Eichel auf: "Hieraus, aus diesem kleinen Ding, das ich in meiner Hand halte, ist er gewachsen."
"Das ist ein Wunder" sagt der Bote vom fernen Planeten. Der Erdbewohner lacht. "Natürlich nicht. Das passiert hier auf der Erde überall und immer wieder und zwar schon so lange, daß niemand mehr weiß, wann es begonnen ist." Und mit diesen Worten geht er wieder seiner Wege, ohne zu wissen, daß nur ein echtes Wunder ewig dauert; ohne zu wissen, daß in jeder Eichel alle Zweige und Blätter, die daraus wachsen, bereits im Keim enthalten sind. Wenn das kein Wunder ist.
Für die alten Germanen trug die *Esche Yggdrasil* - Ich-Träger - die ganze Erde. Dies war der Weltenbaum, der aus einem einzigen, im Kosmos gesäten Samenkorn gewachsen war. Yggdrasil war der Mittelpunkt des Universums, der bindende Faktor zwischen Himmel, Erde und Unterwelt. Yggdrasil symbolisiert sowohl den Menschen an sich, als auch die Menschheit in ihrer Totalität. In der germanischen Mythologie - unser geistiges Erbgut - nennt man den Himmel *Asgard*. Dort befindet sich die Wohnstätte der Götter, jene kosmischen Kräfte, die man auch Asen nennt. Die Menschenwelt heißt *Midgard*, was soviel bedeutet wie: "in der Mitte liegender, umzäunter Wohnort". Die Unterwelt, die man

Hel nennt, ist der Aufenthaltsort der geistig Toten. Unter der Wurzel des Weltenbaumes befinden sich drei klare Quellen. Die erste ist Mimirs Quelle. Aus ihr schöpfte Wotan seine Weisheit, für die er jedoch eines seiner Augen opfern mußte. Die zweite Quelle heißt "brausender Kessel" und aus ihrem Wasser wurde der Göttertrank gebraut, der Unsterblichkeit verlieh. Die dritte Quelle ist die der Schicksalsgöttin Urd. Wer aus ihr trinkt, kennt die Zukunft. Die Schlange, *zerstörender Hacker* genannt, nagt Tag und Nacht an der Wurzel des Weltenbaumes. Im negativen Sinne symbolisiert die Schlange die Leidenschaft. Sie ist von unzähligen anderen Schlangen umgeben und herrscht im wahrsten Sinne des Wortes über einen Sündenpfuhl.
In Yggdrasils Krone grasen vier Rehe in den Blättern. Ganz oben im Wipfel sitzt der allwissende Adler. Zwischen seinen Augen lebt der allessehende Habicht, den man den *von Wetter und Wind Gefärbten* nennt. Zwischen der Schlange an der Wurzel und dem Adler im Wipfel herrscht Feindschaft, darum läuft das Eichhörnchen *Ratatosk* (Astbohrer) unermüdlich am Stamm auf und ab, um die Beschimpfungen zu überbringen, die Schlange und Adler einander an den Kopf werfen.
Nun, dies ist das Weltbild unserer Vorfahren - ausdrucksstark und einfach - und ist es nicht die Einfachheit, welche die Wahrheit kennzeichnet? In ihrem Weltbild ist das Schicksal des Universums eng mit dem des Weltenbaumes verknüpft. Die Kräfte der Esche werden fortwährend vom nagenden Verlangen an der Wurzel untergraben und so enthüllt Yggdrasil uns, in welchem Zustand sich der Mensch und die ganze Menschheit befinden. In *Grimnirs Lied*, einem der Göttergesänge der *Edda*, wird folgendes darüber erzählt: *Yggdrasil muß leiden, mehr als die Menschen wissen, den Stamm beißt ein Reh, die Rinde ist morsch; unten nagt der zerstörende Hacker.*
Yggdrasil ist der Baum, an dem Wotan/Odin neun Tage und Nächte hing, bevor er die magischen Runen fand. *Ich weiß, daß ich hing an dem windigen Baum, neun Tage lang. Verwundet vom Speer, dem Odin geweiht, mir selbst, dem Weltenbaum, von dem niemand weiß, aus welcher Wurzel er wächst.* Dies ist der Anfang des Kapitels *Runenweisheit* aus dem Lied des Höchsten. Dieses Bild des gehängten Wotans erinnert uns an den Gehängten der XII. Karte des Ta-

rot, hier finden wir den gleichen Gedanken. Sowohl Wotan, als auch der Gehängte, symbolisieren den dem irdischen Menschen innewohnenden Geist, der an der Esche Yggdrasil aufgehängt wird oder an das Kreuz der Materie genagelt ist, bis sein "unteres Selbst" eine Transformation erfährt und er geläutert eine höhere Form des Bewußtseins erlangt, wodurch er in der Lage ist, die Geheimnisse der Runen zu ergründen. Neun ist in der numerologischen Symbolik die Zahl der Totalität und der Erfüllung. Darum ist diese Zahl nahe verwandt mit der Selbsterkenntnis. Die Äste der Krone des Yggdrasils umranken neun Welten.
Während der Götterdämmerung, dem Chaos, in dem am Ende der Zeiten alles Existierende vergeht, stürzt Yggdrasil ächzend nieder und wird vom Feuer verzehrt. In Wolwas Prophezeiung, einem anderen Götterlied der Edda, werden diese Geschehnisse anschaulich dargestellt. Zuerst werden die irdischen Umstände beschrieben, unter denen das Ende stattfinden wird.

Brüder bekämpfen und überwältigen einander.
Blutverwandte begehen Blutschande,
auf der ganzen Erde wird die Ehe gebrochen,
Speerzeit, Schwertzeit, Schilde werden bersten!
Windzeit, Wolfszeit, bevor die Welt untergeht;
kein Mensch wird den anderen verschonen.
Yggdrasils Stamm zittert und bebt,
der alte Baum ächzt, das Untier ist los!

So sieht Wolwa das nähernde Ende der Welt:

Die Sonne wird schwarz, ins Meer sinkt die Erde;
aus dem Himmel fallen die schimmernden Sterne;
Damm und Feuer wirbeln durcheinander.
Es steigt zum Himmel eine heiße Flamme.

Was ist die Apokalypse anderes als Palingenese auf wahrhaftig universellem Niveau? Aus der Asche des Weltenbaumes steigt der neue feinstoffliche Weltenbaum auf; der Asche der verbrannten Erde entsteigt eine neue Welt; aus dem Chaos und dem Untergang des Endes entsteht ein Neunfang. Dies erzählt das Lied *Die Prophezeiung der Wolwa*:

Auf sieht sie gehen, aufs neue
die grüne Erde aus dem Meer;
Bäche schäumen, wieder stürzt der Adler
hernieder von den Felsen, begierig auf Fisch,
die Asen kommen zur Ida-Ebene,
sprechen ihr Urteil über die Erde,
besinnen sich und suchen wieder,
die alten Runen, die Odin fand.
Dort findet man wieder
die wunderbaren goldenen Tafeln im Gras,
ihr Eigentum aus alter Zeit.
Äcker wachsen, rein - ungesät,
das Böse wird besser.[1]

Der niederländische Dichter August Heyting hat siebzehn Jahre seines Lebens dem Schreiben einer aus 21.000 Versen bestehenden germanischen Kosmogonie gewidmet, die er *Yggdrasil* nannte. Er beschreibt die neue Erde, die nach dem Chaos der Götterdämmerung entsteht, wie folgt:

... dann langsam erheben sich neue Formen,
eine schönere Welt entfaltet sich
eine junge Welt dreht sich, lieblich ruhend...
sie glänzt grünend, die weiche Ebene,
Sträucher stehen in funkelnder Blütenpracht,
Vögel streifen durch die Lüfte.
Mondes Sohn und Sonnes Tochter
geboren, kurz bevor sie fielen,
segnen mit ihrem Licht den Raum,
in umgekehrter Richtungen schreitend:
von Westen nach Osten.
Wie in zarter Farbe und zartem Duft
werden alle guten Dinge wiedergeboren.
Götter kehren zurück, Baldur
schwebt an Hannas Hand
Blumenschleiern näher...

Dies ist seine Interpretation der Vision Wolwas:

Die neue Menschenrasse liebt den Frieden,
Felder und Bäume tragen
ohne Sorgen reife Früchte.
Das goldene Zeitalter ist angebrochen;
Schönheit, Überfluß und Eintracht herrschen.
Und du, Yggdrasil, zeigst dich
glänzend verjüngt vor unseren Augen,
in einem Traum von hellem Glanz.
Unter deinem Laub werden sich
die Seligen freudig vereinen...

Leser, stelle es dir nochmals vor: Der volle Mond an einem mit Sternen übersäten, mittsommernächtlichen Himmel. Eine leicht hügelige Landschaft. Wälder. Ein See. Und am Ufer: Du. Der lauwarme Wind streichelt deinen nackten Körper. Wasser plätschert um deine Füße. Aus dem Wald klingt der Ruf einer Eule. Glühwürmchen tanzen zwischen den Bäumen. Da stehst du, in der Natur, als eines ihrer Kinder - in wärmender Einheit mit der kosmischen Mutter, die dir dein Angesicht gab.

Wie kommt es nun, daß sich der Mensch in der Natur wohl fühlt? Was ist das Geheimnis der kosmischen Mutter? Die ganze Natur ist Ausdruck deines eigenen Selbst. In ihr kannst du alle Inhalte deiner selbst erkennen. Das Reich der Mineralien spiegelt die Mächte wider, die dir die Form deines "Ichs" geben. Gold: die Sonne; Silber: der Mond; Kupfer: Venus; Eisen: Mars; Blei: Saturn. Bei den alten Griechen galten Steine als die Knochen der kosmischen Mutter und sie erkannten sie auf all ihren Wegen.
Du kannst sie nicht nur im Reich der Mineralien finden und dich selbst erkennen. Das gleiche geschieht im Pflanzenreich. Dort spiegeln sich deine Gefühle und Stimmungen in Blumen und Pflanzen wider. Weiße Lilien sind für die Verstorbenen, rote Rosen für Verliebte - niemals umgekehrt. In jedem Baum erkennst du ein Individuum, so wie du selber auch eines bist, und wenn du durch die Wälder läufst, wo sie zu Tausenden still beieinander stehen, fühlst du die Energie, die durch ihre Stämme strömt und sie aufrecht hält. In früheren Zeiten pflanzten die Bauern einen Baum vor ihrer Tür, mit dem sie sich vollständig identifizierten. Solange der Bauer glücklich war, wuchs und blühte der Baum; bei Unglück und Krankheit verkümmerte er und wenn der Bauer gestorben war, starb auch der Baum ab. Zwischen Menschen und Bäumen kann eine tiefe Zuneigung entstehen.

Gehe in den Wald, wenn du geistig oder körperlich erschöpft bist und suche einen hohen, gesunden Baum.
Gehe zu ihm und schlage deine Arme um seinen Stamm, drücke deinen Körper an ihn und sauge seine Energie auf. Dabei solltest du einige Male tief ein- und ausatmen und dir bei jedem Einatmen so deutlich wie möglich vorstellen, daß du die Lebenskraft des Baumes, das heißt die Kraft, die durch seinen "Körper" strömt, von ihm übernimmst und durch deinen Körper fließen läßt. Tu es und du wirst du dich wie neugeboren fühlen.
Die Eigenschaften deines "unteren" tierischen Selbst spiegeln sich in den Tieren wider, denen du in der Natur begegnest. Dein Stolz widerspiegelt sich in einem Pfau; deine Gerissenheit in einem Fuchs; deine Angst in einem Hasen; deine Treue in einem Hund, der dich begleitet; die grenzenlose Freiheit, die du in dir spürst, in einem Vogel. Nur diejenigen unter uns, die unfrei sind, sperren einen Vogel in einem Käfig ein und zeigen so ihre eigene Gefangenschaft.

Die Natur ist ein Spiegel, in dem du die Gesamtheit deiner Eigenarten sehen kannst. Je öfter du in diesen Spiegel schaust, desto besser lernst du dich selbst kennen.
Das ist das Geheimnis der kosmischen Mutter und gleichzeitig auch der Grund dafür, daß du dich nur in der Natur mit ihr vereinigen kannst. Sie ist es, die dir den Spiegel vorhält und sie ist diejenige, die spiegelt. Sie ist der Spiegel und das Spiegelbild. Und sie ist auch diejenige, die in den Spiegel schaut und sich selbst entdeckt. Alles ist eins. Du bist es selbst.

Fußnote:

[1] *Den Haag 1938*

Über Liebe, Liebeszauber und Liebestrank - aber erst über das Leben unserer Vorfahren und vergangene Zeiten.

Dort, wo asphaltierte Straßen jetzt die Erde überwuchern und wo Autos ununterbrochen das Herz dieses Landes durchfurchen, lagen einstmals ausgedehnte, stille Wälder. In der grünen Dämmerung zwischen den Baumstämmen duftete es nach Moos und Tannennadeln. Vögel sangen, die Luft war rein und das Wasser der Bäche und Flüsse war kristallklar, über den bewaldeten Tälern tanzten Schmetterlinge.

In den endlosen Wäldern, die diesen Teil der Erde bedeckten, lagen die Dörfer und Siedlungen vieler Volksstämme. Jeder Stamm wurzelte wie ein Baum fest in dieser guten Erde und wie Blätter raschelten in seiner Krone Tausende von Menschenkindern, die er mit seiner Lebenskraft ernährte. Die Vielfalt der großen Wälder spiegelte sich in der Vielfalt der Stämme wieder, die in ihnen lebten. Die Sonne ging auf über den Schweden, Dänen, Norwegern, Kimbern, Teutonen, Wandalen, Jüten, Angeln, Sachsen, Warnen, Chauken, Friesen, Ampsivariern, Langobarden, Quaden, Markomannen, Semnonen, Hermunduren, Wangionen, Nemetern, Katten, Batavern, Ubiern, Treverern, Brukterern, Usipetern, Marsen, Sigambrern, Teukterern, Mattiaken, Cheruskern, Bastarnen, Skiren, Rugiern, Gepiden, Goten und Burgundern. Unsere Vorfahren waren noch reine, urwüchsige Menschen, deren Leben sich in vollkommener Übereinstimmung mit der Natur abspielte. Ihr ganzes Dasein fand in einem ewigen Jetzt statt, in dem "Vergangenheit" und "Zukunft" noch zu einer Einheit verschmolzen waren. Ihre Weisen besaßen eine magische Schrift, welche die Gedanken der Götter zum Ausdruck brachte und die benutzt wurde, um den Willen der Götter zu ergründen. Mit den Runen wurden auch kurze Botschaften oder magische Sprüche aufgezeichnet, für historische Übersichten, Gesetzbücher, heilige Schriften oder andere zeitraubende Aufzeichnungen wurden sie jedoch nicht verwendet. Aus diesem Grunde sind sie ein rein geistiges und kein materielles Erbe.

Leser, stelle dir vor: der Ort, an dem du dich befindest, jedoch in alten Zeiten, als es noch keine Uhren gab und die Sonne auf- und unterging und als allen Menschen die Ewigkeit zur Verfügung stand. Eine Zeit ohne Lärm, in der die Stille lediglich von natürlichen Geräuschen unterbrochen wurde und in der man die Stimme der Natur überall hören konnte. Als noch kein Radio spielte, keine Türklingel schellte, kein klingelndes Telefon unsere Aufmerksamkeit auf sich lenkte, eine Zeit ohne dröhnenden Schnellverkehr, in der Fax, E-Mail und Internet noch nicht existierten. Ohne Flugzeuge; ohne Fernsehkanäle, die wehrlose Menschen mit dem Elend der Welt überfüttern. Eine Zeit, in der kein Mensch zu arbeiten brauchte, um die Reichen noch reicher zu machen, sondern seine eigenen Bedürfnisse befriedigen konnte. Als Kinder noch in Freiheit aufwuchsen, weil das Leben an sich die einzige Schule war. Als alle Menschen noch Zeit in Überfluß hatten. Als die Alten noch Weisheit und Einsicht besaßen, weshalb man sie ehrte. Als Männer und Frauen selbstbewußt, mutig und ehrlich waren und Feigheit das Leben der Menschen noch nicht prägte und ihr Schicksal besiegelte.

Zu dieser Zeit war der Wald noch ein heiliger Ort, in dem man Heil und Segen fand und erwerben konnte. Unsere Urahnen brachten den Bäumen, Steinen, Quellen, Bergen und Wasserläufen Opfer dar, weil sich in ihnen das göttliche im Dasein am deutlichsten offenbarte. Für sie war das Universum ein kosmischer Baum: die Esche Yggdrasil. In den ausgedehnten Wäldern lebten: Waldfrauen, Riesen, Elfen und Zwerge, Nymphen und Moosmädchen. Götter und Menschen - in unmittelbarer Nähe zueinander. Der Allvater Wotan zeigte sich in der Kraft und Unerschütterlichkeit alter Eichen, die an Festtagen von den "Männern der Eichen" mit Blumen und Bändern verziert wurden. Fruchtbarkeitsgöttinnen nannte man Mütter; Donar, der Gott des Feuers und Sif mit den goldenen Haaren hatten drei Söhne, die Mut, Kraft und Stärke hießen. Über der Erde spannte sich das Himmelsgewölbe, dessen vier Pfeiler von den Zwergen Nordri, Sudri, Austri und Westri getragen wurden. Überall um sich herum sahen die Menschen die großen Werke der Götter. Das Leben als solches spielte sich in der Abgeschiedenheit der heiligen Wälder ab, die ihre Welt waren. Der Römer Tacitus schrieb über die Semnonen: *Ihre Opferfeste finden in einem Wald statt, der ihren Ahnen durch Vorzeichen angewiesen wurde und der ihnen, aufgrund einer alten Angst, heilig ist... dort hat dieses Volkes seinen Ursprung, dort wohnt der Gott, der das Universum beherrscht.* Die Götter sind Himmelsbewohner, in denen unendliche Kräfte Gestalt annehmen und unsere Vorfahren haben niemals getrachtet, diese Unendlichkeit durch Tempelwände zu begrenzen. Die Wälder waren die Tempel der Natur und das genügte ihnen. Tacitus stellte fest: *Sie geben jenem geheimnisvollen* ***Etwas****, das sie lediglich durch ihre Frömmigkeit wahrnehmen können, den Namen Gott.*

Die enge Beziehung zwischen Menschen und Göttern ermöglichte es jedem einzelnen Menschen, das Geheimnis seines eigenen Daseins auf natürliche Weise zu entschleiern und so eine persönliche Begegnung mit den Göttern zu erfahren. Dies alles fand im vollsten Vertrauen statt; einer isländischen Chronik zufolge ließ sich ein gewisser Thornstein, der bereits auf dem Sterbebett lag, nach draußen in die Sonne tragen und befahl seinen Geist in die Hände Gottes, in jene Hände, welche die Sonne erschaffen hatten. Oder das Tasten nach Halt und Sicherheit, wie König Harald Schönhaar, der nur dem "Gott, der die Sonne erschaffen und die Welt geordnet hatte" opfern wollte und von dem behauptet wird, "daß er Schutz erwartete von dem, der ihn erschaffen hatte, obwohl er nicht genau wußte, welcher Gott dies war".
Die Stämme, die die Wälder bewohnten, wurden von Fürsten regiert. Sie umgaben sich mit Ratgebern und Edelleuten, die den geistigen Adel des Volkes vertraten. Ihre Devise: *Adel verpflichtet,*

Weisheit erleuchtet, Willenskraft verrichtet stand im Dienste des Volkes. So wie sie selbst waren auch ihre Kinder "hochgeboren", was bedeutete, daß der Moment ihrer Zeugung von Rutengängern ermittelt wurde. Kampflustige Schützen, feinfühlige Krebse und verspielte Zwillinge wurden bewußt ins Leben gerufen. In der ersten Mainacht, der Walpurgisnacht, wurden die nachdenklichen Wassermänner gezeugt.

Die Besten des Adels gründeten Orden und wählten zum Bau ihrer Burgen noch unbesiedelte Gebiete aus, die später von ihren Nachkommen bewohnt und bevölkert wurden. Es gab Prinzen wie Siegfried, Sohn des niederländischen Fürstenpaares Siegesmund und Sieglinde, von dem es in der Edda heißt: "Sein Haar war rotblond und herrlich anzusehen und es fiel in schweren Locken herab. Sein Bart war kurz und voll und hatte die gleiche Farbe. Seine Nase und Gesichtszüge waren markant, sein Blick war so durchdringend, daß nur wenige es wagten, ihm in die Augen zu sehen... Er besaß die Gabe, noch nicht geschehene Dinge vorauszusehen. Er war sprachgewandt und schlagfertig und schnitt niemals ein bestimmtes Thema an, noch beendete er ein Gespräch, bevor nicht alle davon überzeugt waren, daß er recht hatte. Es freute ihn, wenn er anderen helfen und sich selbst mit Heldentaten auf die Probe stellen konnte. Niemals verließ ihn der Mut und er war ohne Furcht."

Junge Edelmänner zogen in die Welt, um eine Frau für sich zu gewinnen, die mit ihrer Hofhaltung in einer Burg lebte und dort wie Dornröschen auf den Prinzen wartete, der sie mit einem Kuß zum Leben erwecken würde. Die Aufgaben, die der Prinz erfüllen mußte und die Schwierigkeiten, die es beim Bezwingen und Beherrschen seiner selbst zu überwinden galt, wurden im Märchen zu einem Dornengestrüpp, durch das er sich einen Weg bahnen mußte, um das Schloß seiner Liebsten und sich selbst finden zu können.

Hexen, Feen, Moosmädchen, Wasserfrauen, Nymphen und Waldfrauen, sie alle sind der Liebe zugetan. Sie sind wie Rosen, deren Wesen die Liebe ist. Die Göttin ist Liebe in ihrer Totalität. In ihrer irdischen Gestalt der Mutter, Frau und Geliebten zeigt sie ihre wahre Art. Liebe ist der Kern ihres Wesens, ja sie ist der Kern des Daseins überhaupt. Dichter haben die Liebe besungen, Maler

und Bildhauer haben sie dargestellt, Komponisten haben sie in Klängen eingefangen und zu allen Zeiten haben Männer und Frauen ihren Atem in ihrem tiefsten Wesen gespürt und durch sie eine Metamorphose erfahren.
Liebe ist Zuneigung. Liebe ist bewußte Einheit. Liebe ist Verbindung. Liebe stellt keine Überlegungen an, sie kennt keine Logik und sieht keine Fehler. Liebe ist blind. Aber sie ist noch mehr als das. Höre, was der Dichter/Magier *William Butler Yeats* sagt: In der weisen Liebe erraten beide das höhere, verborgene Ich des anderen und erschaffen, weigernd an die Profanität des Alltags zu glauben, einen Spiegel, in dem der Liebste oder der Liebhaber ein Bild sieht, dem im Alltagsleben folgen kann.

Liebe bedeutet, daß du in dir selbst Denken und Fühlen zu einer Einheit schmiedest. Dann bist du eins.

Für den Mann ist die Frau ein unergründliches Geheimnis. Sie widerspiegelt, was in seinem Herzen vor sich geht, seine eigene weibliche Seite, jenen Teil seiner selbst, dessen er sich nicht bewußt ist. Ein Herz kann man nur erobern, wenn man einen Kopf opfert, so behaupten weise Türken. Nur wenn er die Frau von Herz zu Herz anspricht und den männlichen Denkerkopf zur Übergabe zwingt, findet der Mann in der Frau diejenige, die sich in ihn einfühlen kann und umgekehrt findet die Frau in ihm den Mann, der sie versteht. Ein anderer Weg ist nicht möglich.

Die alten Weisen kannten die Geheimnisse der Liebe. Ihre Weisheit ist niemals schriftlich festgelegt worden, sie wurde durch Liebeszauber und mündliche Überlieferungen weitergegeben, die Tausende von Jahren überlebten. Die großen Wälder von einst sind zusammengeschrumpft oder verschwunden und die Erde, die sie hervorgebracht hat, wird in Asphalt und Beton gefangen gehalten. Aber der universelle Geist, der sich in den Wäldern offenbarte, ist unsterblich und wird sich aufs neue im Menschen zeigen.

Die Entstehung und Entwicklung einer Liebe können durch Zauberei gefördert oder verhindert werden. Liebeszauber verwendet deutliche Sinnbilder. Wenn das Wesen des Symbols in der Seele der betreffenden Person er*lebt* wird, erzielt man das gewünschte Resultat - auf die gleiche Weise, wie beim Experiment von Chladni durch einen sorgfältig gewählten "Anstreichpunkt" ein bestimmtes Muster im Sand entsteht. In der Überlieferung heißt es, daß zwei Liebende, die beide das Herz einer Wachtel bei sich tragen - der Mann das Herz des männlichen Vogels und die Frau das des weiblichen - niemals in Streit geraten werden. Traditionell wird die Wachtel mit der Liebe in Zusammenhang gebracht und das Wesen dessen, was hier ausgedrückt wird, spricht für sich selbst. In derselben Überlieferung heißt es, daß jemand, der einen in ein Wolfsfell gewickelten Schildkrötenkopf bei sich trägt, niemals verliebt werden wird. Der Kopf einer Schildkröte verschwindet bei dem geringsten Anlaß zwischen ihrem doppelt gepanzertem Schild und kommt erst wieder zum Vorschein, wenn es etwas zu essen gibt. Dies symbolisiert das im Schild oder Panzer gefangene "Ich", das nur zu eigennützigen Zwecken Kontakt mit seiner Umgebung aufnimmt. Wickelt man das "untere" Denken einer solchen Persönlichkeit auch noch in ein Wolfsfell - ein Symbol, das für sich selbst spricht - so wird es deutlich, daß dieser Mensch niemals eine andere Liebe als die Eigenliebe erfahren wird.
Liebeszauber ist handeln in Symbolen. Hierdurch entsteht ein ätherisches Kraftfeld, das sich, wenn die Projektion stark genug ist, im täglichen Leben ausdrückt und so das gewünschte Resultat liefert. Einige Beispiele: Eine Frau, die die Liebe ihres Mannes neu beleben will, beschäftigt sich neun Tage lang in Gedanken und ge-

fühlsmäßig mit ihrem Liebsten, während sie den Teig für das tägliche Brot knetet. Dabei stellt sie sich ihre Liebe als eine Glut vor, die sie erleuchtet und verzehrt. Jeden Tag hält sie ein Stückchen vom Teig zurück. Am neunten Tag knetet sie die neun Stückchen zusammen und backt davon ein Brötchen für ihren Mann. Außer dem Brot nimmt er auch das von ihr erzeugte feinstoffliche Kraftfeld zu sich.
Die Liebe wächst, wenn man zwei Ringe neun Tage lang in ein Schwalbennest legt und sie danach trägt. Liebe wird unverbrüchlich, wenn man zwei verschiedenfarbige Bänder miteinander verknüpft. Mädchen, die das Herz eines jungen Mannes erobern wollen, graben ein Stück Erde mit seinem Fußabdruck aus, füllen einen Blumentopf mit ihr und pflanzen darin eine Ringelblume. Dies sind einige stoffliche Formen, die eine innere Bedeutung ausdrücken, die sich direkt an das Herz wenden und die man so pur und direkt wie nur möglich *erleben*, das heißt "zum Leben erwecken" sollte. Die Kraft des Erlebten und das unumstößliche Vertrauen, daß es so und nicht anders gehen wird, führt zum gewünschten Resultat. Auch hier denke man an Chladnis Klangmuster, um zu begreifen, wie Liebeszauber wirkt.

Im romantischen Minnesang des Mittelalters ist oft von Liebestrank die Rede. Eigentlich ist die Liebe selbst der Trank, den man zu sich nimmt und der zu inniger Vereinigung führt. In den Balladen ist es ein aus Kräutern gebrauter Zaubertrank, der zwei Menschen in heißer Liebe entbrennen läßt.
Die tragische Liebe zwischen Tristan und Isolde entbrannte, als sie unbeabsichtigt einen Zaubertrank tranken, den Isoldes Mutter gebraut hatte, der jedoch für Isolde und einen anderen Mann bestimmt war. Die Wirkung eines Liebestrankes besteht darin, daß sich die Seele den Gefühlen der Liebe öffnet und die darin verwendeten Kräuter dienen ausschließlich diesem Zweck. Einen hervorragenden Liebestrank bereitet man mit Verbena, den Beeren des Mistelstrauches und den Samen oder Blüten des Helenenkrauts, die Ingredienzen werden in der Sonne getrocknet, im Mörser pulverisiert und mit Wein vermischt. Verbena ist ein Kraut der Liebe, das reine Zuneigung symbolisiert. Die Mistel und das Helenenkraut sind entspannungsfördernd und öffnen das Herz, so daß Liebe gedeihen kann.

Ein Liebestrank mit einer anderen Zusammensetzung ist auf Heinrich von Sachsen zurückzuführen, der ein Lehrling von Albert Magnus war. Dieses Getränk enthielt Veilchen, Baldrian und Koriander. Die beiden erstgenannten Ingredienzen schenken Seelenruhe und Entspannung und vertreiben störende Einflüsse, Koriander schenkt Wärme.
Die Wirkung eines Liebestrankes beruht nur teilweise auf den darin verarbeiteten Kräutern; sie wird in dem Maße verstärkt, wie man sich während der Zubereitung geistig und gefühlsmäßig mit dem Wesen seines Tuns beschäftigt. Man sollte sich auf die Zubereitung eines solchen Liebestrankes geistig vorbereiten, indem man seine Alltagssorgen soweit wie möglich in den Hintergrund drängt. Danach kann man mit dem Liebeszauber beginnen. Den einfachsten Liebestrank bereitest du, indem du einige Tropfen Blut aus dem Zeigefinger deiner rechten Hand in ein Glas Wein fallen läßt, das dein Liebster trinken wird. Visualisiere so gut wie möglich, wie mit deinem Blut auch die Kraft deines eigenen Wesens vom Liebsten aufgenommen wird. So kommt eine Vereinigung in höheren Sphären zustande, die sich auch auf die stoffliche, alltägliche Ebene auswirkt. Eine mittelalterliche Volkserzählung berichtet von einem Ritter, der einer Jungfrau den Hof machte. Als er sie für einige Zeit verlassen mußte, gab sie ihm einen Liebestrank mit auf den Weg, der dafür sorgen sollte, daß er ihr treu blieb. Um sicher zu gehen, daß er ihn auch trinken würde, erzählte sie ihm, daß es ein stärkendes Mittel sei, mit dem alle Müdigkeit wie durch Zauberhand verschwinden würde.

Als der Ritter eine Tagesreise hinter sich hatte, war sein Pferd sehr erschöpft. Er dachte an die Worte seiner Liebsten und gab dem Tier etwas von seinem Liebestrank. Daraufhin rückte sich das Pferd los und trabte geradewegs zur Bereiterin des Trankes zurück. Der einzige, wirklich unfehlbar wirkende Liebestrank kann nicht mit stofflichen Lippen getrunken werden, da er geistigen Ursprungs ist. Es ist nämlich die Liebe selbst. Es ist nicht der Zauber des Trankes, sondern der der Liebe, der den Bund fürs Leben schmiedet. Der geistige Aspekt des Liebestrankes zeigt sich auch beim Liebestrank des Hochzeitsmahls.

Vater, Mutter und Kinder sind eine natürliche Dreieinigkeit, die man Familie nennt. Pythagoras verglich die Familie mit dem Universum: Das himmlische Feuer, welches das Universum erwärmt und erleuchtet, spiegelt sich auf der Erde im Feuer des "heimischen Herdes" wider. Immer und überall, im ganzen Dasein, offenbart sich das Göttliche. Es gibt jedoch Orte in Raum und Zeit, in denen sich das Göttliche - das Heil - konzentriert und intensiver erfahren wird als woanders oder sonst. Dies sind "heilige Orte" oder "heilige Augenblicke". Der häusliche Herd ist von jeher ein heiliger Ort gewesen - auch gilt er heute nicht mehr als solcher. Die Ehe ist den meisten von uns heilig - nur denjenigen nicht, die ihre Leidenschaften für Liebe halten. Leidenschaft ist ein unruhiger Trieb der "unteren" animalisch-menschlichen Natur, die darauf aus ist, ihre Triebe zu befriedigen. In diesem Fall erfährt man die Ehe eher als Freiheitsberaubung.
In jedem Mann und jeder Frau schmachtet ein halber Mensch nach der Erlösung aus seiner Isolation durch die Vereinigung mit seiner anderen Hälfte - eine Vereinigung, deren Früchte die Kinder sind. Die Ehe ist eine heilige Angelegenheit. Sei dir darüber im klaren und laß dir nichts anderes weismachen.
Es ist sehr wichtig, wie die Ehe geschlossen wird. In der Handlung sollte die wesentliche Bedeutung dieses Ereignisses deutlich erkennbar sein. Nur so kann das Symbol als solches wirklich erlebt werden.
Hier folgt ein Beispiel einer Eheschließung: Eine weiße Kerze wird, nach der Weihung des Feuers als Element des Geistes, angezündet und dem Mann überreicht. Die Frau hält eine schwarze, unangezündete Kerze in der Hand. Sie entzündet ihre Kerze an

der des Mannes. Für kurze Zeit sind die weiße und die schwarze Kerze sich sehr nahe und brennen mit einer einzigen Flamme. Dann zieht die Frau ihre Kerze zurück. So spiegelt sich das Herabsteigen des Lichtes zur Dunkelheit in stofflicher Form wider: vom Geist zur Materie, vom Bewußten zum Unbewußten, die Vereinigung von Mann und Frau als tiefste Bedeutung der Ehe. Sprich dabei die Worte, die geradewegs aus deinem Herzen kommen.

Junge Mädchen im heiratsfähigen Alter wälzen sich nackt in ungemahlenem Getreide zur Förderung ihrer Fruchtbarkeit. In jeder Frau lebt die Fruchtbarkeitsgöttin. In der Ehe wird sie sich, durch die geistige Vereinigung mit dem Mann, ihrer selbst bewußt. Diese Vereinigung bewirkt, daß der Mann in ihr die Unendlichkeit erfährt. Die Verschmelzung mit der anderen Hälfte drückt sich geistig, gefühlsmäßig und körperlich auf seine eigene Weise aus, gibt Lebenskraft, Selbstbewußtsein und Glückseligkeit. Sie schenkt uns Schöpfungskraft, sowohl im geistigen als auch im stofflichen Bereich. Sie ist eine unversiegliche Quelle kosmischer Energie und daher auch geistiger und körperlicher Gesundheit. Wer sich täglich, bei allen Begegnungen mit seinem Liebsten, an dieser Quelle labt, kann die schwersten Aufgaben erfüllen und doch Harmonie und Ausgeglichenheit wahren. Alle Ambitionen, Wünsche, Frustrationen und Aggressionen der alten, sterbenden Welt werden vom Nichtvorhandensein der Erfüllung ausgelöst, gerade was diesem Punkt anbelangt. Eine solche negative Ursache hat die schlimmsten Folgen. Grausamkeit, Habgier, Haß und Egozentrik wurzeln im Fehlen der höchsten Erfüllung und dem Unvermögen, die Isolation, in der ein halber Mensch sich befindet, zu durchbrechen. Es ist der Unterschied zwischen dem Vorhandensein und dem Fehlen des Glücks. Wer es besitzt, begreift, daß er nichts mehr zu begehren braucht, da er bereits alles besitzt. Wem es fehlt, spürt unbewußt, daß ihm alles fehlt, was das Leben sinnvoll macht und er stürzt sich, von Leidenschaften und Verlangen getrieben, auf die Jagd nach Macht und Reichtum. So probiert er - vergeblich - die Leere zu füllen.

In der Entwicklung einer Liebe, von der ersten zarten Verliebtheit bis zur Vereinigung, kann Liebeszauber dabei helfen, den Weg zu ebnen, den die Liebenden gehen müssen. Mädchen, die sich ihrem Liebsten völlig hingeben wollen, identifizieren sich mit ei-

nem Basilikumzweig, den sie ihm schenken. In seinem Herzen weiß er, was dies bedeutet. Andere tragen die Blätter des Fingerkrautes bei sich, von dem behauptet wird, daß es die Liebe anzieht. Auch warten Männer und Frauen auf eine Schwanenfeder, die auf einem See oder Fluß in ihre Richtung treibt, da sie angeblich ein mächtiger Talisman ist, der Glück in der Liebe bringt. Solange man noch wartet, kann man die Liebe nicht finden.
Wer die Einheit des Zusammenseins erfahren hat, wendet Liebeszauber an, um sie zu erhalten. Verliebte tragen Ringe und Armbänder, die aus den Haaren des Liebsten geflochten sind. Männer, die auf Reisen gehen, nehmen ein "Herzblatt" mit, einen kleinen Leinenbeutel, in dem sich eine Haarlocke der Liebsten befindet, den sie auf ihrem Herzen tragen und auch nachts umbehalten.

Wenn wir Erinnerungen an die großen Wälder und ihre Bewohner wachrufen, ist dies eine Verherrlichung längst vergangener Zeiten? Diese Zeiten sind endgültig vorbei, die Welt des Yggdrasil gehört der Vergangenheit an. Das Leben unserer Urahnen kann für uns Nachfahren, die in dieser Zeit leben, nur als Anhaltspunkt dienen. In den vielen Jahrhunderten, die seitdem verflossen sind, hat sich das menschliche Bewußtsein in diesem Teil der Welt weiterentwickelt und eine bemerkenswerte Erweiterung erfahren.
Unsere Vorfahren lebten in der Gruppenseele des Waldes und waren ein Teil davon. Sie waren das Edelste und Hoffnungsvollste,

was die Natur hervorgebracht hatte und noch unberührt von den Plagen und Schicksalsschlägen der Welt, so wie wir sie jetzt kennen. In ihrer Unschuld projizierten sie ein Idealbild ihrer Gesellschaft auf eine höherstehende Götterwelt, die eigentlich eine Menschenwelt im kosmischen Maßstab war. In ihren Riten suchten sie in der Natur die Begegnung mit den Göttern, ihrem idealen Ich.
Mit der Verbreitung des Christentums bricht in unseren Breitengraden eine neue Zeit an, in der neue Erfahrungen gesammelt werden und in der die Menschheit zu neuen Einsichten gelangt. Für die aus den Wäldern des Unbewußten vertriebenen Stammesmitglieder bricht ein völlig neues Zeitalter an. Die alten Götter und ihre Werke verbleichen immer mehr und verschwinden schließlich ganz im Hintergrund. In ihrem Bewußtsein erwacht ein völlig neues Element und zwar das der Nächstenliebe. Es erweist sich, daß Liebe nicht nur Eros sondern auch Charitas ist, jene Liebe von der Paulus sprach. Dieser Gedanke brauchte etwa tausend Jahre, um zur Reife zu gelangen, dann jedoch eröffneten sich dem Menschen Perspektiven und zwar im wahrsten Sinne des Wortes. Das Dasein ist nicht länger flach, es vertieft sich, da der Mensch die Tiefen des Daseins entdeckt. Die Erkenntnis dieser Tiefe, dieser neuen Dimension des Lebens, spiegelt sich vor allem in der Kunst, in der Entdeckung der Perspektive, wieder. Das Leben wird dreidimensional. Das Bewußtsein erfährt eine Erweiterung. Diese Wiedergeburt kommt in der Kunst als Renaissance zum Ausdruck.

In den folgenden Jahrhunderten ziehen sich die Kräfte, die das Fische-Zeitalter beherrschten, immer weiter zurück, um den Wassermann-Einflüssen zu weichen. Auch die Nachfahren jener Stammesmitglieder von einst stehen jetzt am Anfang eines neuen Zeitalters. Ein Ding ist den Menschen im Laufe der vergangenen Jahrhunderte immer deutlicher geworden: *Die Götter existieren nicht neben oder über uns, sondern in uns. Ihr Wesen ist die kosmische Kraft, die dem Leben Gestalt gibt. Yggdrasil wurzelt in unserer eigenen Seele.* Jesus faßte diese Erkenntnis schon im Fische-Zeitalter mit den Worten zusammen: Das himmlische Königreich ist in euch allen!

Es dauerte noch einige Zeit, bis dieser völlig neue Gedanke verarbeitet war, er beginnt jedoch im Laufe von mehr als tausend Jahren ins Bewußtsein der Menschheit durchzudringen. Auch diesen eher langsamen Wachstumsprozeß kann man in der Kunst zurückfinden. Dabei fällt auf, daß der Künstler, in dem Maße, wie sich das neue Bewußtsein entwickelt, eine stets genialere Verschmelzung von Form und Inhalt findet. In der Renaissance entwickelt sich eine meisterhafte Technik und es werden strahlende, "außerirdische" Farben gebraucht. Der langsame Untergang der Formen des Fische-Zeitalters, aufgrund des Rückzugs der in ihm wirksamen Kräfte, zeigt sich nirgendwo so deutlich als in dem, was man von jeher als "Kunst" bezeichnete. Wo Harmonie und Gleichgewicht verschwinden, ergreift das Chaos Besitz von ihnen. In den vergangenen Jahren hat sich das auf *Erfahrung* beruhende *Wissen* des heutigen Menschen herauskristallisiert, das die Zusi-

cherung Jesu: "Das himmlische Königreich ist in euch allen" und den tiefen Glauben des Mittelalters ablöste. Unser Urahne, der aus seinen paradiesischen Wäldern vertrieben wurde, verließ zugleich auch die Welt des Unbewußten. Wie ein Kind, das noch das Laufen lernen mußte, stand er am Anfang einer neuen Zeit. Seine Nachfahren haben nun den Anfang des Erwachsenseins erreicht. Geistige Techniken und andere geeignete Mittel haben es ihnen ermöglicht, sich selbst als das zu erfahren, was sie in Wirklichkeit sind, jeder Mensch ist eine Sonne des Bewußtseins; jeder einzelne Mensch ist ein strahlender Mittelpunkt seines eigenen Universums. Allvater und gleichzeitig Allmutter. *Wir sind es selbst.* Unsere irdische Persönlichkeit, die flüchtig ist wie ein Schatten, ist eine der unzähligen Erscheinungsformen und Gestalten des einen, *unsterblichen* Seins.

Die einzige Methode, mit der wir Unsterblichkeit erlangen können, ist, uns völlig mit dem einen, ewigen Sein zu identifizieren und ihm unsere Zunge zu verleihen. Man muß nur darauf achten, daß man diese Erfahrung nicht aus seinem Ego heraus erlebt. Denke um Himmels willen nicht, du seist Gott selbst. Es verhält sich gerade umgekehrt: *Gott denkt, er ist du.* Davon ist er fest überzeugt. Es ist deine Aufgabe, ihm die Augen zu öffnen.

Das tiefste Wesen der Evolution, die unser Bewußtsein in den vergangenen Jahren erfahren hat, kommt im folgenden deutlich zum Ausdruck. Die achtzehn magischen Runen der alten Weisen stimmen mit den ersten achtzehn Karten der großen Arkana des Tarotspiels überein. Die XVIII. Karte, der Mond, ist die Karte, welche die Seele symbolisiert. Das Wesen dieser Karte stimmt mit der achtzehnten Rune, Gibor, überein, in der wir das Wort "Geber" erkennen können. In der XIX. Karte des Tarot, der Sonne, verschmelzen Himmel und Erde, oben und unten, Götter und Menschen, Makrokosmos und Mikrokosmos zu einem Ganzen; es folgen zwei weitere Karten: XX, Das Jüngste Gericht und XXI, Das Universum. Diese drei Gedanken wurden dem "alten" Bewußtsein, das achtzehn Runen umfaßte, hinzugefügt. Dies alles kannst du nun auf deine eigene Art und Weise zu deinem eigenen Lebensmuster verflechten. Der unsterbliche Geist der Wälder, der unbewußt in der Seele unserer Vorfahren lebte, kann in unserer Seele bewußt *wirksam* werden, was bedeutet, daß er unseren Pfad erleuchten, unsere Schritte lenken und die Arbeit unserer Hände führen kann. Dann wird ein neuer Himmel auf Erden kommen und alles hat einen Sinn gehabt.

Noch etwas über die Liebe und den Menschen und seine sechs Sinne und die Bezauberung durch Düfte, Farben und Klänge.

Was aber, wenn niemand da ist? Kein Liebster, mit dem man Geheimnisse teilen kann. Keine Hand, die dich streichelt. Keine Stimme, die deine geheimsten Gedanken ausspricht. Was dann? Wenn nur Verlangen da ist und keine Erfüllung. Wenn keine Frau da ist, die intuitiv erfaßt, was dich bewegt; kein Mann, der dich versteht; niemand, der dir zuhört; auch nicht, wenn du gar nicht allein lebst. Was dann?

Wisse denn, dieser bedauerliche Zustand spiegelt nur einen Geisteszustand wider, in dem Kopf und Herz, Denken und Fühlen, Mann und Frau einander nicht (mehr) finden können. *"I specialize in loneliness - in loneliness I specialize"* singt *Boy George* für ihn oder für sie allein. Was ist allein? Wer ist allein? Wer ist all-ein? Tu alles, was in deiner Macht steht, um in dir selbst diese zwei Teile des gespaltenen, menschlichen Wesens ins Gleichgewicht zu bringen und so zu einer Einheit verschmelzen zu lassen. Dies ist jedoch nur möglich, wenn der Kopf sich dem Herzen beugt. Höre auf die Stimme deines Herzens - immer - und gebrauche dabei deinen Verstand. Wenn dein Herz dir intuitiv etwas eingibt, folge ihm und laß, wo nötig, deinen Verstand entscheiden, wie dies am besten geschehen kann. Säe keine Zwietracht in dir selbst. Laß die Stimme des Denkens niemals der Stimme des aufrichtigen Gefühls widersprechen. Laß auf jeden Fall die Göttin "oben liegen".

Der Bewußtwerdungsprozeß, der dann in dir stattfindet, wird sich im Alltagsleben widerspiegeln. Dort begegnet dir die jetzt entschleierte, leibhaftige, andere Hälfte und du wirst ihn oder sie erkennen und lieben. Es hat keinen Sinn, deiner anderen Hälfte nachzujagen, oder sie außerhalb deiner Selbst zu suchen, solange sie sich noch nicht in deinem eigenen Wesen offenbart hat.
Einschneidende Erfahrungen deines Lebens, die dein irdisches Leben scheinbar in seinen Grundfesten erschüttern, spiegeln immer große Veränderungen des Verhältnisses von "Kopf und Herz" wider und dienen dazu, sie dir bewußt zu machen. Indem er sich die tiefsten Ursprünge seines Schicksals vor Augen führt, kann der Mensch über sein eigenes Schicksal entscheiden und sich aus seiner Isolation befreien.
Dies alles ist jedoch nur möglich, wenn du es schaffst, dein Ego stets kleiner werden zu lassen. Solange du glaubst, daß dies auf dich nicht zutrifft, kann dein Ego ungehindert seine eigenen Wege gehen und es lastet von Tag zu Tag schwerer auf dir. Es ist nicht so einfach, dein Ego zu beherrschen und so klein werden zu lassen, daß es sich nicht mehr geltend machen kann; Bücher oder Gespräche bieten leider wenig Hilfe. Alles was du tust, hat Einfluß. Zwinge dein Ego bewußt dazu, Dinge zu tun, die es nicht ausstehen kann oder von denen es gewöhnt ist, daß andere sie tun. Entsage deinem Ego kleine Freuden. Beherrsche vor allem deine Zunge, das Lieblingswerkzeug deines Egos, mit dem es sich Geltung verschafft. Wäge deine Worte reiflich, bevor sie über deine Lippen kommen und schweige, wenn du nichts zu sagen hast. Sinnloses Geschwätz ist, unter anderem, eine der größten Plagen der Menschheit. Wenn du dein Ego jeden Tag kleiner machst, wird es dir stets weniger Ärger bereiten.
Suche die Ursache aller Dinge, die dir im Leben widerfahren, grundsätzlich bei dir selbst. Sei froh, wenn du die Ursache bei dir finden kannst, da du dein Schicksal nur dann verändern kannst, wenn du die Ursache auch wirklich beseitigst. Jemand, der glaubt, an einem bestimmten Geschehen wirklich unschuldig zu sein, sagt: "Ich kann es nicht ändern". Höre und begreife was er sagt!
Nur auf diese Weise wirst du ein Mensch, der sich selbst unter Kontrolle hat - und bist du dann nicht der Mächtigste auf Erden? So wirst du jemand, der die Listen und Tücken des eigenen Egos erkennt und durchschaut und darum sich selbst nicht länger zum

Narren hält. Auch wirst du im Scheitern anderer dein eigenes Scheitern erkennen und dadurch begreifen, vergeben und vergessen. Nur so machst du dich selbst, dein irdisches, alltägliches, einfaches "Selbst", zu einem willigen Werkzeug des so tief gefallenen Engels, der jetzt auferstanden ist. Laß dies dein einziges Lebenswerk sein.

Unser Urahne, der für immer den Schutz der großen Wälder verließ, wurzelte mit seinem ganzen Wesen in der Natur. Seine Nachfahren schufen im Laufe vieler Jahrhunderte eine Menschenwelt - eine "Gesellschaft" - von der sie glaubten, sie überträfe die Vollkommenheit der Natur. Eine Generation nach der anderen spann an diesem Hirngespinst, das sie von der Natur und ihrer Freiheit immer weiter entfremdete, so daß ihre Schöpfung zu einem Alptraum wurde.
Das große Abenteuer, die Märchen, die Heldentaten; die alles verzehrende Liebe, wundersame Erlebnisse - wo sind sie geblieben? Mut, Stolz und Treue leben in Erzählungen fort, Feigheit, Gleichgültigkeit und Habgier haben sie in dieser Gesellschaft ersetzt. Viele Millionen von Menschen fristen ein Dasein, daß grau und eintönig, langweilig und aussichtslos ist, so daß man sich fragen kann: "Gibt es eigentlich ein Leben vor dem Tod?"

Ich, der bei den Sternen schlief und das Haar des Raumes trug,
Gleich einem silbernen Geweih und planetarischem Blütenstaub
Über die Milchstraße blies, im Monde gesessen,
An bodenloser Bläue der Sommernächte vorbeifuhr.

Beraubt und leer bin ich, meine Schiffe sind verbrannt
Meine Stimme entbehrt ihrer Glut und findet kein Echo
Im toten Firmament erschallt allein der Schrei
Aus dem düsteren Gewölbe meines verstörten Herzens.

Die Worte des Dichters Marsman vermitteln einen Eindruck von den Gefühlen, die aus den Herzen der ganzen Menschheit kommen.

Was ist mit unserem Leben geschehen, warum kennzeichnet sich das, was einst unbegrenzt und frei war, durch Beschränkungen und Gefangenschaft? Das Leben hat seinen Sinn verloren.
Was ist mit den Menschen geschehen, warum haben Kalender und Uhr sie zum Sklaven gemacht und warum haben sie nie Zeit? Sie verkauften das Erstgeborenenrecht für ein Linsengericht und das große Abenteuer, die Märchen und die Heldentaten, die alles verzehrende Liebe und die wundersamen Erlebnisse mußten für Profanitäten das Feld räumen, die ein banales Leben prägen: Geld, Sex, Geld, Fußball, Geld, Politik, Schreierei, Geld, Auto, Geld und Illusionen von Jugend, Frieden und Wohlstand.
Wer ist der Mensch, was ist der Mensch, daß ihm so etwas passieren konnte? Das Wort Mensch leitet sich vom lateinischen Wort für "Geist" her: *mens agitat modem* - der Geist bewegt die Materie; *mens sana in corpore sano* - ein gesunder Geist in einem gesunden Körper; *mens cujusque is est quisque* - Jeder ist was sein Geist ist.
Das tiefste Wesen eines Menschen ist der pure Geist, jene Geistesgegenwart, mit der du deine Existenz und dein reines Bewußtsein erfährst. Jedes neugeborene Kind birgt dieses Bewußtsein wie einen Tautropfen, in dem sich die Sonne spiegelt. Später verschwindet die Sonne hinter den Wolken der Ängste, Abneigungen, Begierden, Präferenzen, Vorurteile, Auffassungen und Prinzipien und es spiegelt sich ein grauer, bedeckter Himmel wider. Manchmal verschwinden die Wolken und die Sonne kommt durch, bevor der Tau verdunsten kann. Dann hat man Erleuchtung erfahren und hat ein Menschenleben Sinn gehabt.

Der sommerliche Duft des blühenden Geißkrauts. Der Geschmack von Honig. Feurige Farben eines Sonnenaufgangs. Die seidige Berührung von Menschenhaar. Die Stimme deines Liebsten. Die Erfahrung all dieser Dinge verdanken wir unserer Nase, unserer Zunge, unseren Augen, unserer Haut und unseren Ohren. Ohne Sinnesorgane wäre unser Leben still und dunkel wie ein traumloser Schlaf. Ohne Sinnesorgane kann sich kein Geist seiner selbst bewußt werden. Fünf dieser sechs bereits genannten Sinnesorgane dienen zur Wahrnehmung dieser Welt. Sie erfahren Klänge, Formen, Farben, Gerüche, Geschmack und Gefühle. Der sechste Sinn befaßt sich jedoch mit einer anderen Welt, die gleichzeitig das Wesen dieser stofflichen Welt ist. Dein sechster Sinn ist deine göttliche Intuition, deine Fähigkeit, durch unmittelbares, inneres Wahrnehmen das Wesen von etwas zu ergründen. Die Argumentation des "unteren" Denkens spielt hierbei keine Rolle. Dein sechster Sinn zeigt dir immer den richtigen Weg. Es ist die Intuition der Frau, die in deinem Herzen ihren Tempel baut. Sie ist die Göttin und als solche unfehlbar.

Die Sonne spiegelt sich im Auge wider, jedoch nur, wenn das Auge die Sonne sieht. Ein geistig beschränktes Blickfeld drückt sich immer in einem körperlichem Mangel an Weitblick aus. Menschen, die gedanklich nicht weit genug schauen, können dies auch in körperlicher Hinsicht nicht. Man nennt dies Kurzsichtigkeit: Eine zu starke Brechkraft des Auges, die auf einer Verlängerung der Augenachse beruht. Die von der Linse gebrochenen Lichtstrahlen vereinigen sich vor der Netzhaut und es entsteht ein undeutliches Bild von allen Gegenständen, die sich nicht in unmittelbarer Nähe des Auges befinden. So lautet die wissenschaftliche Erklärung, die keine körperliche Erscheinung übersieht. So drückt ein menschlicher Geist sich in einem menschlichen Körper aus oder, wie Goethe schrieb: *Es ist der Geist, der sich den Körper baut.* Geistige Fernrohre, die den Geistesblick in die Ferne gerichtet haben und darum alles, was in unmittelbarer Nähe geschieht, unscharf oder überhaupt nicht wahrnehmen, leiden unter Weitsichtigkeit. Dies ist eine Sehstörung, bei der sich alle parallel einfallenden Lichtstrahlen erst hinter der Netzhaut vereinigen, da die Längsachse des Auges zu kurz ist. So drückt sich das geistige Wesen des Menschen wiederum in seiner körperlichen Gestalt aus. *Jeder ist was sein Geist ist.*

Jeder von uns sieht äußerlich genauso aus, wie er innerlich ist. Sein Geistesinhalt drückt sich haargenau in seiner körperlichen Gestalt aus, da beide eins sind. Daher kannst du, wenn du dich im Inneren veränderst, eine äußere Metamorphose erfahren. Du kannst dich selbst heilen. Du kannst ein anderer Mensch werden - wenn du nur willst.
Welches deiner Sinnesorgane ist dem Verfall am meisten preisgegeben? Deine Augen? Nein. Bei vielen kurz- oder weitsichtigen Menschen öffnet sich das "dritte" Auge. Mehr noch als das geistige Sehen wird das geistige Fühlen eingeschränkt. Kleider, Schuhe und Handschuhe, die unseren Körper bedecken, sind ein Kokon von Meinungen und Auffassungen, in den der Mensch sich selber einspinnt und mit dem er sein pures, nacktes Selbst bedeckt und unsichtbar macht, wodurch sein Geist gefühllos wird. Kleidungsstücke symbolisieren Auffassungen. Ein Schlafanzug bedeutet, daß man ohne ihn nicht schlafen kann, so daß/weil man auch im Schlaf nicht sich selbst sein kann.
Es ist uns allen zur Genüge bekannt, welche Qualen das Ohr im ohrenbetäubenden Lärm dieser Gesellschaft erleiden muß und das gleiche gilt für unsere Nase. Darum wollen wir nicht über die Plagen einer untergehenden Welt sprechen, sondern eine andere, höhere Sphäre betreten und zwar die der Gerüche, Farben und Klänge.

In ihrem Duft offenbart die Blume ihre Seele. Der Geruch setzt sich aus winzig kleinen Gaspartikeln zusammen. Die Dreifaltigkeit Materie, Seele und Bewußtsein, die das Wesen der Pflanze sind, äußern sich in jedem Atom, auch in den Gaspartikeln des Duftes. So atmen wir, mit der duftenden Seele der Blume, jene Kräfte ein, die in der Blume Gestalt annehmen.

Jeder Duft hat seine eigene, besondere Wirkung auf die menschliche Seele. Lavendel erweckt Gefühle der Liebe und Zuneigung. Moschus ruft Leidenschaft hervor. Manche Blumendüfte sind für bestimmte Menschen unerträglich. Manche Frauen können in Ohnmacht fallen, wenn sie Jasmin riechen. Katharina von Medici und Ludwig XIV. konnten den Duft der Rose nicht ertragen.
Die Lebenskraft der Blume, die auch den kleinsten Teilchen innewohnt, die sie übertragen, tritt mittels Atmung in die Blutbahn ein und vereinigt sich so mit unserer eigenen Lebenskraft. Leser, stecke deinen kleinen Finger in dein Ohr. Du hörst einen merkwürdigen Ton, der dem Rauschen in einer großen Muschel ähnelt, die du an dein Ohr hältst. Was du hörst, ist der Grundton deines Körpers. Bei gesunden Menschen liegt er meistens auf der Tonhöhe des Tones Re. Müdigkeit, Krankheit oder Neurosen können eine Verschiebung von Re nach Fa oder La zur Folge haben. Atme, während du den Grundton belauschst, einen starken Duft ein und du wirst hören, daß sich die Tonhöhe des Grundtons verändert. So direkt wirkt ein Geruch auf dein tiefstes Wesen ein. Die Düfte von Blumen, Parfüm, Weihrauch und wohlriechenden Ölen verändern ebenfalls deinen geistigen Grundton. Dies ist der Zauber der Düfte.
Zwischen Gerüchen und Klängen besteht ein enger Zusammenhang. Diese Tatsache führte im achtzehnten Jahrhundert einen bretonischen Bauern nach Paris, um dort ein "Konzert der Gerüche" zu geben. Seine Zeitgenossen lachten den Mann aus und erklärten ihn für verrückt. Hundert Jahre später gelang es dem berühmten französischen Parfumeur und Geruchsmagier Septimus Piesse, die Düfte von Blumen und andere Aromen in eine Oktave einzuteilen. Hierdurch konnten die "Duftnoten", wie bei einer Musikoktave, zu "Duftoktaven" zusammengefügt werden, welche die Komposition von Duftsymphonien ermöglichten. Wohlklingende musikalische Akkorde sind, in Düften ausgedrückt, wohlriechend. Falsch klingende Musikakkorde spiegeln sich in unharmonischen Duftakkorden wider. Von den circa siebzehntausend Gerüchen, die dem Menschen bekannt sind, teilte Piesse einige in diese Oktave ein.

Dies ist die Geruchsoktave des Septimus Piesse:

C	D	E	F
Veilchen	Kampfer	Bittermandel	Bergamotte
Akazie		Zider	
Zitronenblüte		Narzisse	Amber
frisches Heu		Pfefferminze	Magnolie
Tuberose		Jasmin	Lavendel
G	**A**	**H**	**C**
Minze	Verbena	Pimpernelle	Lilie
Ananas	Zibet	Kalmus	Moschus
Zitrone	Patschuli		Rose
	Vanille	Perubalsam	Zimt
	Sandelholz	Nelke	
	Gewürznelke	Geranie	
	Steinbrech		
	Storax		

Düfte können heilen. Mit Hilfe dieser Oktave können wohlriechende Dreiklänge komponiert werden, deren beruhigende, entspannende und heilende Kräfte sich demjenigen, der sie einatmet, mitteilen. Der Geruch von Kampfer lindert Husten. Moschus und Amber helfen bei Ohnmacht. Unsere Vorfahren ließen Sterbende den Duft von Honig einatmen, um so ihr Leben zu verlängern.

Die alten Ägypter waren Meister im Zauber der Düfte. Sie vermischten den Ton, aus dem die Steine für ihre Häuser gebrannt wurden, mit Aromen, so daß ihre Häuser herrlich dufteten. Auf die gleiche Weise behandelten sie den Ton, der für ihre Trinkbecher bestimmt war. In ihren Tempeln wurde *Kyphi* verbrannt, der bezaubernste, kühlendste und himmlischste Weihrauch, den man auf Erden kannte. Seine Zusammensetzung steht in einer der jahrtausendealten Papyrusrollen, die sich im Besitz des *British Museums* in London befinden. Englische Hexen fanden das Rezept dort und stellten diesen Weihrauch wieder her. In Ägypten wurden an Krankenlagern Duftkerzen angezündet, deren Aromen sorgfältig ausgewählt waren, um die Krankheit zu heilen. Die nach Tausenden von Jahren noch legendäre Königin Kleopatra ließ die Fußböden ihrer Paläste mit einer mehr als zehn Zentimeter dicken Rosenblätterschicht bestreuen. Die Matratzen, auf denen sie schlief, waren mit Rosenblättern gefüllt. Ihre goldene Barke, mit der sie den Nil befuhr, hatte purpurfarbene Segel und war

so stark parfümiert, daß "der Wind nach Liebe schmachtete". Als der Eroberer Marcus Antonius die Barke betrat, waren es dann auch die Düfte, mit denen die Königin ihn bezauberte. Von diesem Augenblick an war er in ihrer Macht.
Die alten Chinesen kannten ebenfalls die Macht der Düfte. Bereits lange vor unserer Zeitrechnung maßen sie das scheinbare Verstreichen der Zeit mit einer "Duftuhr", deren Mechanismus aus Kerzen und Räucherwerk bestand. Brennende Kerzen entzündeten jede Stunde eine andere Weihrauchart, so daß man die Zeit am herrschenden Geruch ablesen konnte. Die letzte Ruhestätte des Kaisers Tscheng-Tschu (1402-1424) aus der Ming-Dynastie, war ein Grabmonument, dessen Dach von vier "ewig duftenden" Holzsäulen getragen wurde. Sie verströmen ihren betäubenden Duft schon seit über fünfhundert Jahren.
Jedes menschliche Wesen hat seinen eigenen, persönlichen Geruch, den man an einer bestimmten Stelle im Nacken am deutlichsten riechen kann und zwar dort, wo die Nervenenden der linken und rechten Schädelhälfte zusammentreffen. An dieser Stelle riechen blonde Frauen überwiegend nach Amber und Moschus, dunkelhaarige hingegen nach Veilchen, wobei der Duft dunkelhaariger Frauen stärker ist. Jeder Mensch hat seinen eigenen, spezifischen Geruch, in dem die Gerüche seines Wesens zum Ausdruck kommen. Sehr geizige Menschen riechen nach Ratten. Haßerfüllte Menschen verströmen einen Geruch von Verwesung. Der "unbewußt allwissende Volksmund" behauptet von Menschen mit einem ausgeprägten Geruchssinn: "Er hat einen solch feinen Geruch, daß er die Sünde riechen kann." Daß "Eigenlob stinkt" und daß jemand eine feine Nase haben oder in einem schlechten Geruch kommen kann, ist ihm ebenfalls bekannt.
Der "Geruch der Heiligkeit", den Heilige im Moment ihres Sterbens verströmen, ist ein deutlich wahrnehmbarer Rosenduft. Er erfüllt das Sterbezimmer und Anwesende können ihn deutlich wahrnehmen. Auch Krankheiten kann man deutlich riechen. Magen- und Darmbeschwerden führen zu schlechtem Mundgeruch. Menschen, die an Tuberkulose leiden, verströmen einen eigenartigen "Leichengeruch"; schwer Zuckerkranke riechen nach Azeton und der Geruch von Diphtheriepatienten ist eklig süß.
Warum also sollten Heilige nicht nach Rosen riechen?

Der Geruchssinn durchsteht in dieser geplagten Welt schwere Prüfungen. Wenn man sich bewußt mit Düften und Aromen beschäftigt, kann man dieses Sinnesorgan neu beleben und verfeinern. Rosenwasser, Amber, Patschuli, Sandelholz und Harze wie Myrrhe, Storax, Olibanum, Mastix und Opopanax: Trockenblumen und ätherische Öle sind die Pfeifen einer "Duftorgel", auf der du deine eigenen "Duftkonzerte" geben kannst. Ein herrlich duftendes Eau de Toilette aus rein natürlichen Bestandteilen, das deiner Haut und deiner Stimmung zugute kommt, wird folgendermaßen hergestellt:
Jeweils 15 Gramm Wermut, getrocknete Rosmarinblätter, Weinraute, Salbei, Minze und Lavendelblüte. Je 8 Gramm Zimt, Gewürznelke, Engelwurz und Kampfer in Pulverform. Gut 1/8 Liter reinen Alkohol und 1/2 Liter Essigessenz. Laß die Kräuter und Gewürze 24 Stunden im Alkohol ziehen, füge danach die Essigessenz hinzu und laß alles ungefähr eine Woche stehen, bei einer Temperatur von 14-15 Grad Celsius, danach die Flüssigkeit abgießen.

Ein herrliches und natürliches Parfüm kannst du selbst herstellen, indem du einen großen Krug dreiviertel voll Olivenöl schenkst. Den Rest des Kruges füllst du mit Jasmin und anderen duftenden Blumen. Orientiere dich hierbei an der "Duftoktave". Wähle kleine Blumen aus und entferne alle Blätter und Stengel, so daß nur die Blüte übrigbleibt. Laß die Blüten 24 Stunden im Krug ziehen. Schütte den Inhalt des Kruges in einen feinen Nesselsack, wringe das Öl aus, fülle es wieder in den Krug, und füge wieder neue Blüten hinzu. Diese Prozedur mußt du, je nach gewünschter Stärke des Parfüms, zwanzig mal oder noch öfter wiederholen. Danach wird das Öl mit einer gleich großen Menge reinen Alkohols vermischt und vierzehn Tage lang einmal täglich gründlich geschüttelt. Dann gießt du die klare Flüssigkeit ab und du hast ein Parfüm hergestellt, das die Seele der darin verarbeiteten Blumen enthält.

Im Licht der Sonne sind alle Farben des Regenbogens eingefangen. In jeder Farbe vibriert ein kosmisches Kraftfeld auf einer ihm eigentümlichen, charakteristischen Weise. Der Tempel der Farben wird von sieben Säulen getragen: Rot, Orange, Gelb, Grün, Blau, Indigo und Violett und jede dieser Farben hat seine eigene Wirkung auf das Wesen des Menschen. Rot ist die Farbe des Lebens und der Liebe. Darum ist das Blut rot. Orange symbolisiert Gesundheit und Lebenskraft. Gelb ist die Farbe des Geistes, darum geht Gelb oft in Gold über. Grün schenkt Ruhe und Ausgeglichenheit. Die Natur ist grün. Inspiration und die höchste Wahrheit sind in der Farbe Blau verborgen. Darum ist der Himmel blau. Indigo wirkt reinigend auf den Geist aus. Violett ist Farbe der Mystik und der höchsten Ideale.

All diese Farben und deren Mischungen sind in der menschlichen Aura sichtbar und spiegeln die Eigenschaften unserer Seele wider. Leuchtende, strahlende Farben weisen auf positive Eigenschaften hin; dunkle, schmuddelige hingegen auf negative.

Die Eigenschaften der Farben werden an der Wirkung deutlich, die sie auf Pflanzen, Tiere und Menschen ausüben. Unter rotem Glas wachsen Bohnen drei mal so schnell. Erdbeeren wachsen und reifen schneller unter rotem oder rosa Glas und tragen außerdem größere Früchte. Zwiebeln wachsen ebenfalls schneller, wenn sie von rosa Licht beschienen werden. Begonien, rote Beeten und Nelken, die mit Rotlicht bestrahlt werden, wachsen vier mal so schnell als ihre im Tageslicht stehenden Artgenossen. Salat schießt, unter Einfluß von Rotlicht, schnell in die Höhe, allerdings werden seine Blätter hart und ungenießbar. Dies alles ist experimentell beweisbar. Nervöse Pferde - die übrigens, wie alle Pferde, farbenblind sind - werden ruhiger und entwickeln sich besser in einem blauen Stall. Ein blauer Stall regt den Appetit von Schweinen an, ein schlauer Bauer macht sich dies zunutze. Rot wirkt bei Menschen appetitanregend, kluge Chinesen lassen diese Farbe darum in ihren Restaurants vorherrschen.

Farben sind heilende, kosmische Kräfte, die das menschliche Herz erwärmen. Bestrahlung mit farbigem Licht, eine farbige Umgebung oder farbenfrohe Kleidung können dich geistig, gefühlsmäßig und körperlich positiv beeinflussen. Darum sollte man sich zuweilen bewußt mit Farben befassen. Visualisiere so deutlich wie möglich einen Sonnenuntergang, der in flammendes Rot, Gold und Violett gehüllt ist sowie einen endlosen, tiefblauen Himmel, darunter die grünblaue Erde - einen ausgestreckten, honiggelben Strand, über dem sich ein blauer Himmel wölbt und vor dir große Meereswasserpfützen, die bei Ebbe zurückgeblieben sind und in denen sich die Sonne spiegelt - ein wahrer Märchengarten voller Blumen in zarten weißen, rosa und lila Elfenfarben. Meditiere einige Male mit einem der Bilder, bis du spürst, daß du von den Farben erfüllt bist. Schaffe danach ein neues Bild. So kannst du kosmische Kräfte in dir zur Entfaltung bringen.

Düfte, Farben und Klänge sind auf mysteriöse Weise miteinander verwandt. Die Komponisten Franz Liszt und Robert Schuhmann konnten Farben hören. Beim Anblick gewisser Farben hörten sie bestimmte Töne. Und wenn sie Musik hörten, sahen sie Farben und Farbtöne. Es gibt viele Menschen, die diese Eigenschaft haben. Mit hohen Tönen werden helle Farben assoziiert. Tiefe Töne hingegen beschwören dunkle Farben herauf. Für diese Menschen ist langsame Musik "blaue Musik", schnelle Musik ist "rot". Drogen, wie zum Beispiel Meskalin und LSD ermöglichen es, Farben zu hören und Klänge zu sehen oder sogar zu spüren, zu riechen und zu schmecken.

"Chroma" kommt aus dem Griechischen und bedeutet "Farbe". Hier folgt die chromatische Tonleiter mit den dazugehörigen Farben:

C	violett	Fis	gelb
Cis	blauviolett	G	gelborange
D	blau	Gis	orange
Dis	blaugrün	A	orangerot
E	grün	H	rot
F	gelbgrün	C	rotviolett

Von allen Künsten ist die Musik die göttlichste. Sie verdankt ihr Entstehen den prähistorischen Riten, als Priester das Übersinnliche mit primitiven Melodien priesen, Lieder, die erst nur mündlich überliefert wurden, deren Klänge man später jedoch in Notenschrift festlegte.

Musik ist für alle Zeiten die göttlichste Kunst. Sie hat jederzeit die neuen Erweiterungen des menschlichen Bewußtseins vertont und auch heute kann man die Botschaft einer neuen Welt am deutlichsten an der Musik hören.

Unsere Zeit hat ihre eigene Musik - mit einem Rhythmus, der mit unserem Herzschlag übereinstimmt. Hör einmal hin, es ist nicht nur die Zeit, welche die Musik kreiert, sondern auch die Musik, die den Zeitgeist bestimmt. Schon Plato warnte davor, daß eine neue Musikrichtung staatsfeindlich sein kann. Jede Musikrichtung übt einen großen Einfluß auf den Zeitgeist aus. Die Reaktionen, die sie auslöst, stimmen exakt mit dem überein, was die Musik ausdrückt. Musik weckt latente Kräfte, wodurch es möglich ist, Menschen mit Hilfe von Musik zu beeinflussen. Marschmusik ist seit jeher die Musik des Kriegsgottes "Mars" gewesen! Napoleon I. ließ vor den Lazaretten die *Marseillaise* spielen, um die Verwundeten wieder schnell auf die Beine zu bringen. Andere Musik beeinflußt den Menschen wieder auf andere Weise. Jazzmusik beeinflußt den Magen und den Kreislauf. Trauermusik verdirbt den Appetit. Schlaflieder haben eine spezielle Aufgabe. Die Heilkraft des Flötenspiels ist von alters her bekannt - David hingegen spielte auf seiner Harfe, um die Wutanfälle Sauls zu besänftigen. Wenn normale Musik bereits Wunder bewirken kann, wozu ist "geheime Musik" dann fähig? Diese Musik besteht aus Phoebus- oder Sonnentönen, Klänge, die mit astrologischen Einflüssen in Zusammenhang gebracht werden und deren verschiedene Einzeltöne bestimmte Wirkungen auf den menschlichen Geist haben. Wenn man sie bewußt einsetzt, kann man Werke komponieren, die den Menschen bis in sein tiefstes Wesen beeinflussen können.

Musik ist Harmonie, aber auch im Reich der Klänge und Harmonien kann Chaos walten, wodurch Mißklänge und Disharmonie entstehen. Verwirrung und das Fehlen von Harmonie und Gleichgewicht in der menschlichen Seele erklingen deutlich hörbar in atonaler Musik, der Musik des Chaos. Da in der atonalen Musik düstere Mächte zum Ausdruck gebracht werden, ist sie die bevorzugte Musik bei Satansdiensten und schwarzen Messen. Atonale Musik wirkt sich äußerst destruktiv auf den menschlichen Geist aus. Die medizinische Literatur erwähnt den Fall eines Mannes, der auf die Zwölftonmusik Arnold Schönbergs (1874-1951) mit heftigen Koliken reagierte.

Pythagoras hörte die Musik höherer Sphären, himmlische, geistige Klänge, die von Planeten in ihrem wirbelnden Tanz um die Sonne erzeugt wurden. Die Mystikerin Roswitha von Gandersheim (935-1001) spricht von Sternenmusik. Die Seherin Hildegard von Bingen (1098-1179) konnte hören, daß die Planeten in ihrer Umlaufbahn zarte Klänge erzeugten. Im Jahre 1935 wurde in einem tschechischen Observatorium Mondlicht in Schallwellen umgesetzt: Ein lang anhaltender, harmonisch anschwellender und abschwellender Ton in der Tonhöhe A wurde hörbar. Inzwischen ist eine Reihe ähnlicher Aufnahmen von der Sonne und anderen Planeten im Fachhandel erhältlich. Die Klänge von Phoebe, der

äußere der sieben Saturnmonde, ähneln am meisten dem Rauschen der Brandung eines fernen Ozeans.
Die Identifikation mit dem Universum ermöglicht es uns, die Harmonien der Musik der höheren Sphären zu hören. Gehe einmal in dich - warum nicht jetzt sofort? Tilge den Alltag aus deinem Gedächtnis. Horche nun mit deinem "dritten Ohr", ob die Jahreszeit, in der du gerade lebst, wie ein langsam anschwellender, mächtiger, alles übertönender Ton in dir resoniert. Dies ist nur eines der Instrumente des kosmischen Orchesters, das die Musik der höheren Sphären spielt.
Lege dich in einer Sommernacht auf eine Wiese, mit deinem Rücken im Gras und dringe in die unendlichen himmlischen Räume über dir vor. Steige zu den Sternen auf und verliere dich im zeitlosen, ewigen Raum und du wirst die Musik der Sterne hören. Wenn du danach unerwartet und plötzlich in deinen Körper zurückkehrst, der auf der Wiese liegt, weißt du sicher, daß du dort gewesen bist.
Auf der Erde macht die Natur ihre eigene Musik. Daß weiße Polarforscher die Klänge des Nordlichts nicht hören können, finden die Eskimos sehr sonderbar. In ausgedehnten Tannenwäldern kann man ein hohes Rauschen wahrnehmen; ätherischer, verträumter Gesang, der aus den Wipfeln der Bäume zu kommen scheint. Man führt dic Ursache dieses Phänomens auf die elektrische Entladung reiner Lebenskraft an den sehr feinen Spitzen der Tannennadeln zurück. Richard Wagner geriet so sehr in den Bann der wunderlichen Musik der Tannenwälder, daß er sie *Waldleben* nannte und sie in seiner Oper "Siegfried" verwendete.
Düfte, Farben und Klänge sind ein mystischer Dreiklang in der Oktave des Daseins. Wende ihren Zauber bewußt an, um deine eigenen Sinne und die anderer zu betören, denn der Geist kann sich seiner selbst nur durch die Sinnesorgane bewußt werden. Nur so können in deinem Wesen Kräfte erwachen, die dich über den grauen Alltag deines Daseins hinausheben können.
Während um dich herum eine alte, von Menschenhand erschaffene Welt einstürzt und im Chaos untergeht, erwacht in dir das Wissen um ein neues und besseres Leben, in dem alles, was verloren ging - das große Abenteuer, die Märchen, die alles verzehrende Liebe - eine Auferstehung erfährt, die ihresgleichen nicht kennt.

Über Sonnenlicht, Mondlicht und Lebenslicht. Über den Lichtelf von Greistad und Zauberei, die Träume erfüllen kann.

Im Buch über den Mond und die Mondgöttin ist dies ein Kapitel über die Sonne und den Sonnengott.

Der Sonnengott Ra war bei den alten Ägyptern der einzige Gott, der sich selbst für die Ewigkeit erschaffen hatte. Er war das ewige Licht und die anderen Götter waren lediglich seine Erscheinungsformen. Doch besagen die in einem Isistempel in Sais gefundenen Hieroglyphen folgendes: *"Die Frucht, die ich hervorbrachte, ist die Sonne"*. Die Sonne ist das einzigartige kosmische Symbol des aktiven, männlichen Befruchtens der Natur, das im Passiven, Weiblichen und Gebärenden Gestalt annimmt. Es spricht für sich, daß der Gott und die Göttin eins sind. Nur dadurch kann das Wort (der Gedanke) Fleisch (beseelte Form) werden.
Wotan, Baldur, Freyr, Osiris, Horus, Zeus, Jupiter, Baal und Apollo sind Sonnengötter. Sie schenken Licht und Wärme und erwecken die Natur zu neuem Leben. Der Sonnengott speist die Hungrigen, besänftigt Stürme und sammelt Weisheit. Die Edda sagt im *Lied von Hyndla* über Wotan: "Dem einen schenkt er Segen, dem anderen Reichtum, viele macht er weise oder sprachgewandt; den Schiffern schickt er Wind, den Skalden schenkt er Dichtkunst und manchem Helden macht er Mut."

Für unsere Ahnen symbolisierte die Sonne das göttliche in unserem täglichen Leben. *Wenn du im Osten aufgehst/ erfüllst du jedes Land mit deiner Schönheit/ Du bist strahlend, groß und leuchtend/ und stehst hoch über jedem Land*, schrieb Pharao Echnaton in seiner *Hymne an die Sonne*. Er lebte 1300 Jahre von unserer Zeitrechnung und nannte sich selbst "Sohn der Sonne". Im Jahre 1902 wurde in einem Moor auf der dänischen Insel Seeland ein hübsches kleines Bronzepferd auf Rädern gefunden, das eine große, goldene Sonnenscheibe zieht, die enbenfalls auf Rädern befestigt ist. Archäologen vermuten, daß dieser "Sonnenwagen von Trundholm" in der frühen Bronzezeit entstanden ist, das heißt: 1300 Jahre vor unserer Zeitrechnung und zwar zu der Zeit, als der "Sonnensohn" Echnaton Ägypten regierte. In der damaligen Zeit herrschte die Sonne überall.
Der Mensch ist von Natur aus ein Sonnenanbeter. Schau dir an einem schönen sommerlichen Sonntag einmal die Strände an, dort liegen unzählige Menschen in regloser Anbetung vor der göttlichen Naturerscheinung. Wenn auch viele sich der Natur und der Göttlichkeit nicht mehr bewußt sind, ihr Wesen wird doch von der Sonne und der Sonnenkraft erfüllt.
Die Sonne, die uns Licht und Wärme schenkt, ermöglicht das Leben auf Erden. Die irdische Sonne ist die Form, in der sich die unendliche "Sonne hinter der Sonne" in einer endlichen Welt, auf endliche Weise manifestiert. Hierzu schreibt Paracelsus (1493-1541):

> *Es gibt eine irdische Sonne, welche die Quelle aller Wärme ist und wer Augen hat, kann die Sonne sehen; und wer blind ist, kann sie nicht sehen aber ihre Wärme spüren. Es gibt eine geistige Sonne, welche die Quelle allen Wissens ist und diejenigen, deren geistige Sinnesorgane zum Leben erweckt sind, können die Sonne sehen und sich ihrer Existenz bewußt werden; wer jedoch kein geistiges Bewußtsein erlangt hat, kann ihre Kraft spüren durch eine innere Fähigkeit, die man Intuition nennt.*

In der Sonne hinter der Sonne erkannten unsere Vorfahren ihren Gott Freyr. In der Mitte seines Schildes war die Sonne befestigt. In Wirklichkeit war es eine Metallscheibe, welche die Herrlichkeit des Sonnengottes selbst widerspiegelte. In jenen Tagen hatte die

Sonne viele Namen. Im *Lied des Zwerges Alwis* (das Lied des sehr Weisen), eines der Götterlieder der Edda, fragt Donar, der Gott des Himmelsfeuers:

Sage mir, Alwis
als einziger in der Welt
denke ich, Zwerg, daß Ihr wißt
wie die Sonne heißt,
welche die Menschen sehen,
bei allen Wesen in der Welt.

Der weise Zwerg antwortet:

Sonne bei den Menschen,
Südlicher Schein bei den Göttern,
bei den Zwergen Dwalins Betrug,
Versenger bei den Riesen,
bei den Elfen das schöne Rad,
Allschein bei den Asensöhnen.

Bei den Zwergen, die tief unter der Erde leben, ist Dunkelheit Licht. Darum heißt die Sonne, deren Licht Zwerge versteinert, bei ihnen "der Betrug des Zwerges Dwalin". Für die erleuchteten Elfen ist die Sonne "das schöne Rad", das innerhalb eines Tages seine Bahn am Himmel beschreibt und dessen Auf- und Untergang den Anfang und das Ende eines Lebenstages der Menschen markiert. So wie die irdische Sonne nicht wirklich untergeht, stirbt auch die geistige Sonne nicht am Ende des "Lebenstages", sondern verschwindet aus dem Blickfeld, um irgendwo, in anderen Sphären, ihr Licht scheinen zu lassen. "Allschein" ist das Wort, mit dem die Asensöhne - die Kinder der großen Götter - die Sonne andeuten. Die Sonne ist reiner Schein, sowohl in ihrer scheinbaren Form, als auch in ihrem scheinenden Wesen.
Ungeachtet seiner großen Weisheit wird dem Zwerg Alwis das Licht der Sonne zum Verhängnis, denn er beging einen großen Irrtum, da er sich in Abwesenheit des Gottes Donar mit dessen Tochter verlobte. Donar will von dieser Heirat nichts wissen und

stellt dem Zwerg eine Frage nach der anderen, angeblich um seine Weisheit auf die Probe zu stellen:

Nicht weigern werde ich,
oh weiser Gast,
die Heirat zwischen ihr und Euch,
wenn Ihr beantworten könnt
von jeder Welt
alles was ich wissen will

Sage mir, Alwis
als einziger in der Welt
denke ich Zwerg, daß Ihr wißt
wie der Himmel heißt,
der hochgewölbte,
bei allen Wesen in der Welt?

Alwis antwortet:

Himmel bei den Menschen,
Sternenhalle bei den Göttern,
bei den Vanen Weber des Windes,
Hochheim bei den Riesen,
bei den Elfen das herrliche Dach,
bei den Zwergen der tropfende Saal.

Die Vanen sind die Götter der Vegetation. Donar will wissen, wie das Feuer, der Wind, die Wolken, der Windschatten, der Mond, das Meer, die Erde und der Samen bei allen Wesen in der Welt heißen. Der weise Zwerg gibt arglos Antwort auf alle Fragen die ihm gestellt werden.

Donar fragt auch:

Sage mir, Alwis,
als einziger in der Welt
denke ich Zwerg, daß Ihr wißt
wie der Wald heißt,
der unermeßlich gewachsene,
bei allen Wesen in der Welt.

Alwis antwortet:

Wald bei den Menschen,
bei den Göttern Mähnen des Feldes,
bei den Vanen Gebüsch,
Brennstoff bei den Riesen,
Bergzange bei den Elfen,
bei den Zwergen das dichte Laub.

Die ersten Sonnenstrahlen erscheinen am Horizont. Der Zwerg ist überlistet und sein Schicksal ist besiegelt. Donar ruft ihm triumphierend zu:

Niemals sah ich verborgen
in einer einzigen Brust
von alter Weisheit soviel!
Mit großer List
seid Ihr verführt,
der Tag hat Euch, Zwerg, überrascht,
jetzt scheint die Sonne in den Saal!

Dunkelheit, die allseits unermeßliche Räume füllt. Kein Leben. Kein Geräusch. Kosmische Nacht und kosmisches Chaos. Nichts ist zu sehen... Plötzlich! Licht erstrahlt, wird heller und vertreibt die Dunkelheit.
Mit jedem Menschenkind, das auf der Erde gezeugt wird, geht eine Sonne in der Nacht der Zeiten auf und es erscheint ein neuer Stern am Firmament des Daseins.
Dunkelheit geht dem Licht voraus. Das neue Menschenkind wächst neun Monate in der Dunkelheit heran und wenn der

Mond neun mal voll gewesen ist, erblickt es das Lebenslicht. Auch der neue Tag, der um Mitternacht beginnt, wächst in den frühen Morgenstunden heran, bis er geboren wird. Darum wird die Nacht in der Edda auch die Mutter des Tages genannt.
Und Gott sprach: "Es werde Licht". Und es wurde Licht. Sonnenlicht. Mondlicht. Augenlicht. Sternenlicht. Lebenslicht. All-Licht.

Was ist Licht? Es macht die Dinge für uns sichtbar, bleibt selbst jedoch unsichtbar. Es ist die Dreieinigkeit von Wahrheit-Weisheit-Wissen, die - ebenfalls unsichtbar - unseren Lebensweg erleuchtet.
Was ist Licht? *Der Geist ist das Licht des Lichtes Gottes. Er sinkt zu uns herab und ihm folgt der Schatten: die Seele des Tieres, die dem Geist als Fahrzeug dient.* Mit diesen Worten beschreibt der Alchimist Abu Bakr Mohammed ibn Zakarija al Râzî (860-925) das Licht.
Was ist Licht? Die Ursache der Wahrnehmungen unseres Sehorganes, die Naturerscheinung (wissenschaftlich: Form der elektromagnetischen Strahlung, die Wellenlänge reicht von etwa 400-780 millimikron), die Gegenstände sichtbar macht, so klären Enzyklopädien uns auf.
Was ist Licht? Licht ist Leben.
Das Licht, in dem uns die Göttin erscheint, ist keineswegs ihr eigenes Licht. So wie der Mond das Licht der Sonne reflektiert, wird auch die Mondgöttin erst sichtbar, wenn das Licht der geistigen

Sonne auf sie scheint. Das Licht des göttlichen Bewußtseins ist hierzu in der Lage. Irdisches Bewußtsein muß sich erst befreien und alle Grenzen überschreiten. Nur dann besitzt es genügend Kraft, um die Göttin wirklich zu entdecken.
Nur auf diese Weise wird das menschliche Bewußtsein zu wahrhaftigem, göttlichem, bewußtem Sein. Unsere Ahnen nannten diese strahlenden Geister "Lichtelfen" und sie wußten, daß sie sich, unsichtbar, dem Wohlstand des Landes und des Volkes widmeten. Als der gute König Olaf Gudrodarson im Sterben lag, untersagte er seinem Volk ausdrücklich, ihn nach seinem Tod wie einen Gott zu verehren. Sie taten es trotzdem und nannten ihn "den Elf von Greistad", da er dort seine letzte Ruhestätte fand.

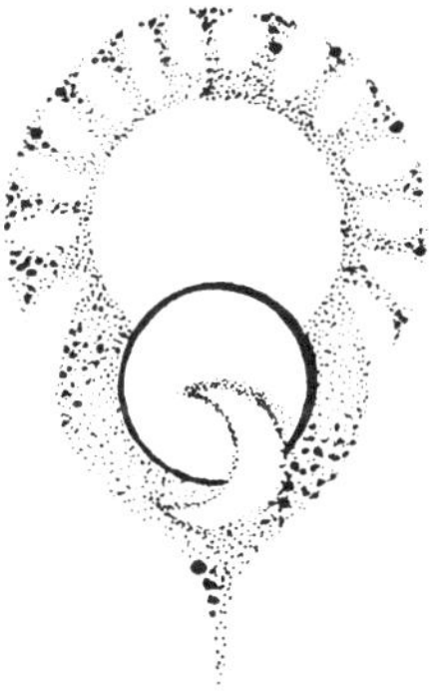

In der Flamme einer Kerze spiegelt sich das Licht der Sonne und des Bewußtseins wider. Brennende Kerzen im Weihnachtsbaum lassen uns die Weihe vom Lichterfest im Kopf und im Herzen erfahren. Auf einer Geburtstagstorte geben sie die Lebensjahre an, die dem Geburtstagskind völlig bewußt sind.
Licht symbolisiert reines Bewußtsein. Feuer ist das Symbol des puren Geistes. Willst du das Wesen beider kennenlernen? Zünde in einem dunklen Raum eine schwarze Kerze an - schwarz, weil eine schwarze Kerze kaum sichtbar ist - stelle sie in einiger Entfernung vor dir auf und konzentriere dich auf die Flamme. Richte deinen Blick auf das weiße Herz der Flamme, die blendende Schönheit der Seele des Feuers und halte dieses Bild fest. Dabei flüsterst du die Worte: Glanz verbindet, das Denken verschwindet, das zweite

Gesicht, kommt ans Licht. Wiederhole diesen Satz ständig und bezaubernde Bilder und tiefgreifende Erkenntnisse werden dir zuteil. Du kannst dem grauen Alltag entfliehen, wenn du in das Licht der Kerze schaust und deinen Geist mit der regungslosen Flamme identifizierst. Sorge dafür, daß kein einziger Gedanke in dir aufkommt, weil die Luft, das Element des Denkens, die Flamme des Bewußtseins in Bewegung setzt und sie nicht nur flackern und tanzen, sondern auch erlöschen läßt.

Brennende Kerzen erleuchten mit ihrem Glanz Kulthandlungen und Rituale, Mahlzeiten und Sterbelager. Kerzenschein vertieft unsere Gedanken und Gefühle, die Seele wird empfänglich für das Wesen eines Geschehens oder den Ernst eines Augenblicks. Seit unvordenklichen Zeiten hat Kerzenlicht dem Menschen bei seiner Evolution den Weg erleuchtet. Schon in der Antike kannte man Kerzen aus Fett oder Wachs. In unseren Breitengraden verwendete man Harzkerzen oder Fackeln. Im frühen Mittelalter benutzte man zum ersten Mal Bienenwachs zur Kerzenherstellung.

Weise Männer und Frauen, Elfen, Hexen und Magier wendeten “den Zauber des Lichts” an, eine uralte magische Methode, mit deren Hilfe man Wünsche erfüllen und Träume verwirklichen kann.

Leser, du und ich existieren nur in unserer Phantasie. Unser Wachstum und unsere Entwicklung sind das Resultat unserer Phantasie, wie auch die Tatsache, daß wir sind, wer wir sind. Unser Dasein ist die Frucht unserer Phantasie. Darum ist alles, was wir uns vorstellen, “Wirklichkeit”. Veränderungen der “Wirklichkeit” können sich also nur durch die Kräfte der Phantasie vollziehen. Bei der folgenden Methode spielen sie eine wichtige Rolle.

Der Zauber des Lichts beruht auf ausdrücklicher und bewußter Vereinigung deines eigenen Geistes, bzw. Teile deines eigenen Geistes mit der Flamme einer oder mehrerer Kerzen. Die Kraft der Phantasie und unbedingtes Vertrauen in das Resultat vollbringen den Zauber.

Wir gehen von folgendem Beispiel aus: Ein Mann und eine Frau haben sich voneinander entfremdet. Der Mann erkennt, daß dies die Kluft zwischen Denken und Fühlen in seinem eigenen Wesen widerspiegelt. Er weiß, daß nur eine Veränderung im Inneren eine Veränderung der äußeren Umstände ermöglicht. Darum arbeitet er ständig an sich selbst und wendet den Zauber des Lichts an, um die Entwicklung günstig zu beeinflussen. Am Ende des Tages, nach Sonnenuntergang, zieht er sich an einen Ort zurück, an dem er ungestört ist. Nach einer kurzen Meditation, mit deren Hilfe er alle Alltagsprobleme aus seinen Gedanken verbannt, verfährt er folgendermaßen:

Er nimmt eine weiße Kerze und projiziert sein eigenes männliches Wesen, das Denken, in sie hinein. Er zündet die Kerze an und drückt damit aus, daß er sich seines Wesens, seines "Ichs" bewußt ist. Diese Kerze stellt er rechts vor sich auf. Jetzt nimmt er eine schwarze Kerze, in die er sein eigenes, weibliches Wesen, nämlich sein Gefühl, projiziert. Das *Denken* ist sein bewußtes "Selbst" und die Summe seiner Gedanken. Es ist seine männliche Gedankenwelt. Das *Gefühl* ist sein unbewußtes "Selbst", sein Herz und seine Seele. Diese Kerze wird nicht angezündet, als Zeichen dafür, daß diese weibliche Hälfte seines Wesens unbewußt geblieben ist, das heißt, daß er die "andere Hälfte" niemals bewußt *erfahren* hat, obwohl er von ihrer Existenz wußte. Diese Kerze stellt er links vor sich auf.

Er setzt sich nun, in einiger Entfernung von den Kerzen, hin und entspannt sich. Er nimmt beide Kerzen abwechselnd in sich auf und öffnet sich allen Gedanken und Gefühlen, die in ihm aufkommen. In der weißen Kerze erkennt er sich selbst; seine männliche Gedankenwelt mit allen Gedanken und Auffassungen seines Daseins und dem Dasein anderer. Er erkennt seine Besessenheit, Wissen anhäufen zu wollen. Er überprüft, inwieweit er sich seines eigenen Bewußtseins bewußt ist. Er erkennt, daß sein Selbstbild ein männliches Bild einer männlichen Hälfte ist und daß die andere Hälfte fehlt, so daß er im Grunde ein halber Mensch ist.

Nun wendet er sich der schwarzen Kerze zu, die nicht angezündet wurde. Er bemüht sich, die unbekannte, dunkle Hälfte seines Wesens zu entdecken. Ihm offenbaren sich Tiefen, in die er einen Einblick bekommen kann: Seine eigene Seele mit all ihren Eigenarten. Durch innere Betrachtung vereinigt er sein "Fühlen" mit dem seiner Lebenspartnerin und wirft auch einen Blick in die Kluft, die sie voneinander trennt. Jetzt wird ihm vieles klar und diese Erkenntnisse schreibt er auf ein Stück Papier, das er in der Flamme der weißen Kerze verbrennt. Während das Papier vom

Feuer verzehrt wird, "verdaut" er geistig und emotionell so bewußt wir möglich all die Dinge, die ihm deutlich geworden sind. Dann schiebt er die Kerzen etwas näher zusammen. Nach kurzem Nachdenken über die Ereignisse bläst er die weiße Kerze aus, läßt beide Kerzen so stehen und verläßt den Raum. Dieses Ritual wiederholt er an neun aufeinander folgenden Abenden, stets zur gleichen Tageszeit, am besten an den neun Abenden vor Vollmond. Am zweiten Abend schiebt er die Kerzen wiederum etwas näher zusammen. Dies wird wiederholt, bis die Kerzen am neunten Tag, am Ende des Zaubers, so dicht wie möglich beieinander stehen. Dann wird die schwarze Kerze an der Flamme der weißen angezündet.

Ein Mann und eine Frau, die völlige Vereinigung anstreben, können den Zauber des Lichts gemeinsam vollziehen. Da jetzt beide Hälften bewußt zugegen sind, werden von Anfang an beide Kerzen angezündet. Beide verbrennen den Zettel mit ihren Erkenntnissen an ihrer "eigenen" Kerze. Am neunten Abend gelangen sie zu einer gemeinsamen Erkenntnis. Die Flamme beider Kerzen verschmilzt zu einer Flamme und die Erkenntnis wird "Feuer und Flamme". Mit den Flammen beider Kerzen wird nun eine dritte Kerze angezündet, die zwei anderen werden gelöscht.

Menschen, die den Zwiespalt zwischen Kopf und Herz überwinden wollen, können diese Methode anwenden, so wie sie im ersten Beispiel beschrieben wurde. Sie zünden an neun aufeinander folgenden Abenden die Kerze ihres eigenen Wesens an und erst am letzten Abend die Kerze der "anderen Seite", in diesem Fall ist es gleichgültig, ob es eine schwarze (beim Mann) oder eine weiße Kerze (bei einer Frau) ist. Dies ist auch eine gute Methode, um den noch unbekannten Lebenspartner kennenzulernen. *Gönne deinem Bild auf jeden Fall genügend Zeit, damit es sich im Alltagsleben verwirklichen kann.* Zweifle keinen Moment am Resultat.

Es ist sinnvoll, die Kerzen vor Gebrauch zu magnetisieren: Laß sie einige Male durch deine Hände gleiten und übertrage dabei bewußt dasjenige auf sie, was sie darstellen sollen. Beginne einen neuntägigen Zauber immer mit unbenutzten, neuen Kerzen. Das Verbrennen von Weihrauch reinigt den Geist. Es empfiehlt sich, sich vor Beginn die Hände zu waschen und sich dabei vor Augen zu führen, was diese symbolische Handlung ausdrückt, nämlich daß das eigene Wesen von Irrtümern und Vorurteilen gereinigt wird. Das Feuer, mit dem die Kerzen angezündet werden, kann erst dem Gott des Feuers geweiht werden. Die geheime Überlieferung hält zu diesem Zweck die Anrufung der Flamme bereit:

Wir wenden uns an dich, oh lebendiger Gott, der du strahlst von erleuchtendem Feuer.
Oh, unsichtbarer Vater der Sonne!
Ergieße deine lichtschenkende Kraft über uns und beseele deinen göttlichen Funken.
Geh hinein in diese Flamme und berühre sie mit dem Atem deines Heiligen Geistes.
Zeige uns deine Kraft und öffne uns den Tempel, der im Herzen dieses Feuers liegt!
Schenke uns dein Licht für unsere Wiedergeburt und zeige uns die Breite, Höhe, Fülle und Krone, der strahlenden Sonnenkraft.
Möge Gott, der in ihr wohnt, sich uns offenbaren.

Sei dir davon bewußt, daß sich durch deine schöpferische Phantasie dein göttlichster Kern - DER göttlichste Kern - außerhalb deiner selbst befindet und in die Flamme projiziert wird. Dies ist von großer Wichtigkeit.
Der Zauber des Lichts ist auch sehr gut zum Ablegen einer schlechten Eigenschaft geeignet. Auch zu diesem Zweck benötigen wir eine weiße und eine schwarze Kerze. Auch jetzt ist die weiße Kerze das Symbol deines Bewußtseins, deines "Ichs", auch wenn du eine Frau bist, denn es geht hier lediglich darum, sich einer weniger guten Eigenschaft bewußt zu sein. Die schwarze Kerze symbolisiert diese Eigenschaft. Beide Kerzen stehen am ersten Abend nahe beieinander und brennen, kürzere oder längere Zeit, mit einer einzigen Flamme. Beide Kerzen bleiben angezündet. Du vertiefst dich an neun aufeinander folgenden Abenden in die Ursache und Wirkung der betreffenden Eigenschaft. Die gewonnenen Erkenntnisse verbrennst du in der Flamme der weißen Kerze. Schon am ersten Abend werden die Kerzen voneinander getrennt und jeden Abend wird der Abstand zwischen ihnen größer. Am Ende des neunten Abends wird nur dic weiße Kerze gelöscht, die

schwarze Kerze läßt du herunterbrennen. Vergiß nicht, daß die gewonnenen Einsichten verwirklicht werden müssen. Du mußt deine Vorstellung er*leben*.

Geistiges Wachstum kann man auch auf eine andere Weise mit dem Zauber des Lichts fördern. Dazu verwendet man farbige Kerzen. Um sich der Wirkung der Lebenskraft im eigenen Wesen bewußt zu werden und sie zu entwickeln, verwendet man eine weiße und eine orangefarbene Kerze, die man am ersten Abend weit voneinander entfernt hinstellt, die weiße Kerze steht wieder ganz rechts und die orangefarbene ganz links - an der Seite des Unbewußten. Neun Tage lang wird das Wesen der Lebenskraft immer deutlicher vom Licht des Bewußtseins beschienen; dies wird symbolisch dargestellt, indem die Kerzen jeden Abend weiter zusammengeschoben werden. Am neunten Abend treffen sie aufeinander und entflammt das Bewußtsein der Lebenskraft. Es werden wiederum jeden Abend alle Erkenntnisse in der Flamme der weißen Kerze verbrannt. Eine blaue Kerze schenkt Inspiration; eine rote Liebe; eine gelbe geistiges Wissen; eine grüne Eintracht und Ausgeglichenheit. Indigo reinigt den Geist von allen Unvollkommenheiten und Violett schenkt uns die Verwirklichung der höchsten Ideale. Überdenke während des Zaubers das Wesen und die Eigenschaften der betreffenden Farbe und erfahre sie mit Leib und Seele. Du kannst auch mehr als zwei Kerzen mit verschiedenen Farben nehmen. Es kann von großem Nutzen sein, das Bewußtsein einem ganzen Farbspektrum auszusetzen. Der Lichtzauber kann auch mit mehreren Personen durchgeführt werden. Dies verstärkt die wirksamen Kräfte. Auf diese Weise können du und andere sehr wirksame Resultate erzielen. Mit Hilfe des Lichtzaubers kann man verlorene Freunde zurückfinden, seine Gesundheit wiedererlangen, die Liebe eines anderen Menschen gewinnen, innere Ruhe erfahren und die Wahrheit finden. Auch Probleme des Alltags können gelöst werden. Bei dieser Methode handelt es sich um einen mächtigen Zauber. Wenn die Vorstellungskraft und das Vertrauen stark genug sind, gibt es nichts, was man auf diese Weise nicht verwirklichen kann.

Die Darstellung der Entstehung der Menschen und der Dinge. Außerdem über Freiheit und Tod und wie es uns danach ergeht.

Es ist keinem Künstler vergönnt, der ganzen Pracht der Natur gerecht zu werden. “Die Schönheit der Natur übertrifft doch jede Kunst”, schrieb Gerbrand Adriaenszoon Bredero (1585-1618). Darum werden die großen Werke der Natur immer in Symbolen ausgedrückt, die unsere Phantasie beflügeln. Unsere Urahnen hatten ihre eigene Schöpfungsgeschichte.

Es war in der Urzeit,
als Ymir lebte:
Weder Sand, noch See
noch salzige Wellen
es gab keine Erde
und keinen weiten Himmel,
nur gähnendes Nichts
und nirgendwo Gras (...)

Auch wußte die Sonne nicht
wo ihre Säle waren
noch kannten die Sterne
ihren Stand am Himmel,
noch wußte der Mond
von seiner Macht.

Soweit die Prophezeiungen der Wolwa aus der Edda. Ymir (auch Orgelmir, "Siedender Lehm") war ein aus dem Eis geborenes, riesenhaftes Wesen, das ein Symbol des noch zu Eis erstarrten Ozeans des Lebens ist, in dem alles, was jemals geboren werden wird, schon enthalten ist. Ymir ist das unendliche Nichts, das jedoch den Keim allen Lebens enthält.
Dann erschien der Gott, welcher der Erzeuger hieß. Mit seinem Sohn Geboren und dessen Söhnen Geist, Wille und Heilig tötete der Erzeuger den Urriesen und erschuf aus dem Nichts ein Reich, das für die Menschen gestaltet wurde und den Namen Midgard erhielt.

Aus Ymirs Fleisch wurde die Erde erschaffen,
das weite Meer aus seinem Blut,
Berge aus Knochen
Bäume aus Haar
aus seinem Schädel der starke Himmel
und aus seinen Brauen
erschufen die frohen Götter
Midgard für das Menschengeschlecht.
Und aus seinem Hirn
erschufen sie das ganze
wirbelnde Wolkenheer

Dies erzählt das Lied des Grimnir

Und dann holten die Götter das Feuer aus dem Reich des Feuerriesen und erschufen mit ihm die Sonne und den Mond, die goldene Wagen bestiegen. Vor den Sonnenwagen wurden die Pferde "Frühauf" und "Schnelläufer" gespannt. Das Pferd des Mondwagens hieß "Allstärke". Während ihrer Reise über das Himmelsgewölbe wurden die Wagen unentwegt von den Wölfen "Haß" und "Widerstand" verfolgt, die sie verschlingen und so alles Licht in Dunkelheit verwandeln wollten. Die Göttin "Nacht" bekam einen schwarzen Wagen, den ein schwarzes Pferd zog, das "Mondfürst" hieß. Aus seiner Mähne fielen Tau und Reif auf die Erde herab.
Der Gott der Morgendämmerung schenkte der Göttin der Nacht einen strahlenden Sonnensohn, den sie Tag nannte. Ihm schenk-

ten die Götter einen leuchtenden Wagen und das stolze Pferd "Schimmermähne". Danach erschufen sie sechs mächtige Wesen, die mit Tag und Nacht gemeinsam dasjenige bewirkten, was man heute das "Verrinnen der Zeit" nennt, das damals jedoch noch keinen Namen hatte. Ihre Namen lauteten: Vormittag, Mittag, Nachmittag, Abend, Mitternacht und Morgen. Die Menschen konnten ihre Gegenwart deutlich spüren.
Der Grundpfeiler des Daseins des Volkes, das in den unermeßlichen Wäldern lebte, war die Weltenesche, und das Volk vermutete auch seinen Ursprung in den Bäumen. Die göttlichen Brüder Geist ("Wotan"), Wille und Heilig - eine edlere Dreieinigkeit ist unvorstellbar - schufen das erste Menschenpaar aus zwei Bäumen, einer Esche und einer Ulme, die sie bei einem Spaziergang am Meer fanden.
Die ersten Menschen und ihre Nachkommen bevölkerten die Wälder und Täler von Midgard und die Götter behielten sie stets im Auge. Sie wachten über sie und halfen ihnen, da sie sich ihrer Schöpfung gegenüber verantwortlich fühlten.
Auf diese Weise legte der naive, reine und aufrichtige Geist der Menschen die Großartigkeit der Natur in einzigartigen Bildern fest. Jeder Gott und jede Göttin bekam einen Namen, der den Kern seines oder ihres Wesens bezeichnete. Und so erschufen unsere Urahnen eine Götterwelt, deren mächtige Bewohner die Werke der Natur in Namen und Tat genauestens widerspiegelten. Die Asen waren für sie "die Träger der Welt" und ihre Namen - Geist, Wille, Heilig, Erzeuger und Morgendämmerung - zeigen, daß sie es auch heute noch sind. Wotan ist der ewige Allvater; Gott der Götter, Gott des Geistes, der weht, wo immer er will und aus diesem Grunde auch der Gott des Windes ist. Er sendet jeden Morgen zwei Raben aus, die um die Welt fliegen und ihm bei ihrer abendlichen Rückkehr alles ins Ohr flüstern, was sie tagsüber gesehen und gehört haben. Ihre Namen sind Gedanke und Gedächtnis. An seinem Finger trägt Wotan seinen kostbarsten Besitz, den Zauberring Draupnir, der stets neue, goldene Ringe hervorbringt. Die tief im Erdinneren lebenden Zwerge schmiedeten ihn, auch fertigten sie den Hammer des Donar und das goldene Haar der Sif an - die Erde symbolisiert Materie und der Ring Draupnir ist ein Fruchtbarkeitssymbol.

Wotans Gemahlin heißt "Geliebte" (Freya). Sie ist die weiße Frau, die Königin der Götter, die Göttin. Die verschiedenen Stämme gaben ihr jeweils andere Namen. In den Niederlanden nannte man sie auch Frau Elden und die Milchstraße hieß dort die Frau Eldenstraße. Auf Walcheren, in der holländischen Provinz Zeeland, hieß sie Nehalennia. In der Umgebung von Domburg fand man zwanzig Weihesteine mit Inschriften, die, unter anderem, auch ihren Namen erwähnen - einige Male bei der Abbildung eines Schiffes und einmal bei den heiligen Symbolen.
Das Schicksal der Menschen, die Midgard bewohnten, wurde von den Nornen gelenkt, die dafür sorgten, daß alles Unabwendbare auch wirklich geschah. Die Lieder-Edda berichtet folgendes über sie: "Es gibt verschiedene Arten von Nornen; sie kommen zu jedem neugeborenen Kind, um dessen Lebenslauf festzulegen. Manche gehören dem Göttergeschlecht an, andere dem der Elfen, wieder andere gehören zum Zwergengeschlecht." Darum sind nicht alle Menschen gleich.
Das Bündnis zwischen den Göttern und den Menschen war fest und innig und wurde unablässig bekräftigt. Jede Handlung schlug eine Brücke zwischen Himmel und Erde. Wenn der Bauer sein Land pflügen wollte, bat er, noch bevor er die erste Furche zog, die Götter um ihre Hilfe und ihren Segen. Im Heldenlied Das Wecken der Walküre aus der Edda trifft Siegfried die Walküre Sigfrida, eines der himmlischen Wesen, die gefallene Krieger ins Jenseits begleiten. Sie füllt einen Becher mit dem Honigtrank Met und überreicht diesen Heiltrunk mit der folgenden Anrufung:

Heil dir, Tag!
Heil dir, Morgendämmerung!
Heil dir, Nacht und Sohn der Nacht!
Blicke wohlwollend auf beide herab,
segne die Amtierenden!
Heil euch, Asen !
Heil euch, Asinnen!
Heil dir, fruchtbares Feld!
Sprache und Verstand
schenke uns beides
und Hände mit heilender Kraft!

Ein solcher Heilspruch bringt wahrhaftig Heil, Gesundheit!

Wälder und Seen, Hügel, Ebenen und Täler, Berge, Meere, Heide; das Firmament mit Sonne, Mond und Sternen; das Reich der Mineralien, Pflanzen, Tiere und Menschen, die Königreiche der Elemente mitsamt ihren Bewohnern - die ganze Natur erzählt jedem, der sie hören will, eine endlose Geschichte.

Die Stimme der Natur ist die deines Herzens und die Stimme deines Herzens ist die deines Blutes. Hör ihr zu! Was du hörst, ist die Wahrheit. Sie erzählt von den Dingen, die unveränderlich sind, vom großen Glück, das uns erwartet und von der Freiheit. Die Göttin ist frei. Die Natur bewegt sich frei.
Freiheit: Das unfehlbare Zauberwort, das den Geist beflügelt. Höchstes Gelöbnis. Zustand der Vollkommenheit. Großes Glück. Frei sein, losgelöst, zügellos, ungehindert, selbständig, unabhängig und zwanglos, das ist des Menschen Traum.
Freiheit: Selbstvernichtung; das Töten von geborenem und ungeborenem Leben; das Beflecken von Reinheit und das Erniedrigen von Hohem; alles nutzlos finden, außer dem eigenen Nutzen - das ist die Wirklichkeit, in der die Menschen leben.
Die Freiheit haben, alles tun zu können, was man will und alle Begierden, die man hat, zu befriedigen, weil der Wille reines Verlangen ist - das ist falsche Freiheit, die Freiheit des "Konsums", bei

der das Denken und Fühlen von Begierde und Verlangen besessen sind und der Konsument sich letztendlich mit Leib und Seele selbst verzehrt. Tun was man will hat mit echter "Freiheit" nichts zu tun. Ängste, Begierden, Wünsche und Vorurteile beherrschen die Menschheit, die sich frei und befreit wähnt. Wer seine Fesseln mitschleift, ist noch lange nicht frei.
Wirklich frei ist nur derjenige, der sich aus dem Würgegriff der Begierden und Wünsche befreit hat. Er ist freimütig und ungehemmt, da Besitz und Macht ihm nichts mehr anhaben können. Zügellos, ungezwungen und unabhängig steht er im Leben.
"Die Gedanken sind frei" - eine Illusion, denn Gedanken sind alles andere als frei. Sie gehen aus Begierden hervor und werden von Wünschen gelenkt. Wirklich frei ist nur, wer die Gedanken und Gefühle nicht mehr von Wünschen, Neigungen, Anwandlungen, Lüsten, Geschmack oder Trieben abhängig macht. Wirkliche Freiheit ist "die Freiheit von der Freiheit". Alle anderen "Freiheiten" sind falsche Freiheiten, die den Menschen zum Sklaven seiner Leidenschaften machen. Der größte Sklave ist, wer sich der Illusion hingibt, frei zu sein. Zahllose unter uns weigern sich, erwachsen zu werden, aus Angst, alt zu werden. Der Gedanke an Lebensweisheit und Reife schreckt sie ab und darum können sie auch nicht erwachsen werden.
Wer sich von Besitz und Macht lossagt, wird in dieser Welt, in der Habgier das Sagen hat, unantastbar und vogelfrei sein. Er hat nichts zu verlieren und darum auch nichts zu befürchten. Freedom is just another word for nothing left to lose", sang Janis Joplin für ihn allein. Nur so werden freie Männer und freie Frauen geboren. Alle übrigen bleiben Sklaven, die nicht in der Lage sind, ihre eigenen Neigungen und Triebe zu beherrschen und ihnen darum machtlos ausgeliefert sind. Auch wenn sie nichts außer den eigenen Leidenschaften dulden oder sich nichts anderem unterwerfen, frei sind sie nicht.
Es sind nicht nur die Wünsche, die uns gefangen halten. Die Sklaven der Angst sind zahllos. Mutlosigkeit beherrscht ihr Leben. "Ein furchtsamer Mann wacht viele Stunden und sorgt sich immerzu" heißt es in der Edda. Die Angst, Hab und Gut oder sogar das eigene Leben zu verlieren, bereitet ihnen ununterbrochen Kummer und Sorgen, was anderen den Weg ebnet, um die

menschliche Angst durch die "Versicherung" des Bedrohten finanziell auszubeuten. Das Versicherungswesen ist ein von Menschenhand erschaffenes, vielversprechendes und anbetungswürdiges Wesen, das die Illusion von Sicherheit, Schutz und Geborgenheit weckt - vorausgesetzt, daß man regelmäßig große Opfer bringt. Eine größere Unfreiheit ist kaum denkbar. Am allermeisten bedrückt uns jedoch die Todesangst. Hier kann uns sogar das Geldwesen - mächtiger Mammon der menschlichen Gesellschaft - keine Lösung bieten.

Viele Menschen verstehen die Botschaft des Todes falsch. Die Botschaft, die er uns bringt, ist keine Botschaft des Schreckens und des Unterganges, des Endes und des Verfalls. Das Leben ist ewige Bewegung und fortwährendes Wachstum. Nichts geht verloren; jedes Ende birgt einen Neuanfang in sich. Das ist die Botschaft, die der Tod uns bringt. Das irdische Selbst lebt in der Zeit, darum ist es von zeitlicher Art. Saturn, der Gott der Zeit, ist auch der Gott des Todes. Das Ewige hat in uns allen im Zeitlichen Gestalt

angenommen und muß sterben, um sich lösen zu können. Wenn man sich in seinem Leben von seinem irdischen Selbst, mit seinen Ängsten und Wünschen, befreien kann und nicht bis zu seiner letzten Stunde damit wartet, kann man sich bewußt mit der Ewigkeit identifizieren und so, nach dem Tode, bewußt in ihr fortbestehen. Wenn du in deinem Leben die Scheinwelt der Zeit durchschaust und in einem ewigen JETZT lebst, wird dein Bewußtsein in Ewigkeit leben. Jene Geister, die während ihres irdischen Lebens Sklaven ihrer Begierden und Wünschen waren, sind dies auch nach ihrem Tode, wenn ihre Erfüllung unmöglich geworden ist. Das wiederum führt zu großem Leiden. Andere können sich im Sterben über die Illusionen dieser Welt hinwegsetzen, da sie dies bereits in ihrem Leben getan haben.

Sterben bedeutet die wirkliche Vereinigung mit dem Universum, mit der Göttin und ihrer unendlichen Glückseligkeit.

Sterben bedeutet, bewußt in ihr aufgehen und ohne Grenzen von Raum und Zeit fortleben.

Die geistige Rückkehr zur Mutter allen Lebens spiegelt sich in der Rückkehr des Körpers in den Mutterschoß der Erde wider, in der er sich nach seiner Verwesung vollkommen auflöst. Ob der Verstorbene die Glückseligkeit der Göttin bewußt erfährt, hängt von den Erkenntnissen ab, die er in seinem Leben erworben hat. Im Koran steht: Gaben wir euch nicht ein Leben, das lang genug war, daß wer nachdenken wollte, in ihm nachdenken konnte? Wer ist unsterblich? Nur derjenige, der sich seiner Sterblichkeit bewußt ist!

Die höhere, geistige Welt, in die wir auf unserem Sterbelager geboren werden, wird während unseres Lebens bewußt erschaffen und mit Hilfe unserer Einbildungskraft aufgebaut. Für unsere Urahnen war diese Welt die Halle der auserkorenen Gefallenen ("Walhalla"), ein riesiger Palast mit 540 Toren, jedes Tor breit genug, um 800 Krieger nebeneinander durchlassen zu können, in dem Wotan seine Getreuen empfing und die tapfersten auserwählte, um mit ihnen bei der Götterdämmerung die Dämonen zu besiegen. Bezaubernd schöne Jungfrauen verteilten den Götter trank, der Weisheit und Unsterblichkeit verlieh. Das Gegenstück der alten Griechen waren die Elysischen Gefilde: Grüne Täler am westlichen Rand der Erde, in denen ewiger Frühling herrschte

und wo die Seligen die ewige Jugend besaßen. Die Kelten nannten diese Welt das Land der Jugend, das Land der Lebenden, das Land der Verheißung, die Andere Welt - ein Reich, in dem Tote und Götter in bronzenen Palästen und silbernen Häusern mit Dächern aus weißen Federn zusammenleben und wo das Rauschen des Wasserfalls, in dem der heilige Lachs lebt, lieblicher klingt, als jede irdische Musik. Die Indianer nannten diese Welt die ewigen Jagdgründe, in denen es immer Sommer war, weil sich dort das Haus der Sonne befand; hier war die Jagd überflüssig und die Seelen der Menschen und Tiere lebten friedlich miteinander.
Für unsere aufgeklärten Mitmenschen mit ihrem getrübtem Bewußtsein gibt es nichts von alledem. Sie glauben an nichts und sie haben keine Phantasie. Darum wird ihnen nichts zuteil werden. Der Tod ist ihr Ende.
Nicht Revolution, sondern geistige Evolution schenkt uns wahre Freiheit und nur freien Menschen wird höchstes Glück zuteil. Sklaven leben in stiller Verzweiflung, unfähig, ihrem eigenen Dasein einen Sinn und Gestalt zu geben. Sie werden von Krankheiten und Todesangst gequält.
Leser, die Zeit der Selbstbefreiung ist angebrochen. Entledige dich aller Wünsche und Ängste, die dich noch an diese alte Welt fesseln und rette dich vor deinem Untergang. Jetzt oder nie!

Anhang

Einweihungsritual der vier Elemente

Die vier Elemente - die All-Natur - korrespondieren seit jeher mit den wesentlichen Charaktereigenschaften, die jeder von uns hat. Auch du.
Die vier Elemente Wasser, Luft, Erde und Feuer sind aus der Natur entlehnt. Das Universum entstand nach dem großen Urknall (Feuer) und die Erde aus der Eiszeit (Wasser und Luft). Was immer wir auch tun, wohin wir schauen, irgendwie ist immer eines oder mehrere der vier Elemente beteiligt. Daher eignen sie sich auch besonders gut als Ausgangspunkt für ein Einweihungsritual, um dich mit der Natur zu vereinigen, mit Mutter Erde, wodurch du lernst, wie du kosmische und irdische Energien bis ins Tiefste deiner Seele dringen lassen kannst, um sie danach so zu "lenken", daß du völlige Harmonie erlangst: Vereinigung mit dem Universum.
Dann erst kannst du alles, was in den vorhergehenden Kapiteln behandelt wurde, vollauf erfahren, fühlen und sehen und du kannst bewußt sagen: "Ich bin eins mit der Natur, dem Kosmos und dem Universum, ich bin ein Mensch, ein Gott, eine Göttin, mit mir selbst vereint."
Das Ritual - eigentlich eine Meditation - besteht aus drei Phasen:

1. Die praktische Vorbereitung des Ortes, an dem das Ritual stattfinden soll.
2. Das Sich-Einleben in die vier Elemente und ihre Visualisierung, die Meditation.
3. Die Rückkehr zu dir selbst.

Um dir die Visualisierung der Elemente etwas zu vereinfachen, folgt hier eine kurze Übersicht ihrer Zuordnungen, wie zum Beispiel Charaktereigenschaften, Farben, Sternzeichen usw.

Das Element Wasser

Zum Element Wasser gehören Herbstfarben, wie grüne, rosa und goldene Farbtöne. Wasser ist sensibel. Es hilft dir, einen Einblick in dein "Selbst" zu gewinnen. Die Sternzeichen Fische, Krebs und Skorpion sind dem Wasser zugeordnet. Die korrespondierende Karte des Tarot ist der Narr. Wasser beeinflußt das zweite Chakra (Sakralchakra) und den Beckenbereich, die Geschlechtsorgane und den Geschmack. Wasser ist Gefühl, Intuition und Einkehr.

Das Element Luft

Zum Element Luft passen helle, heitere Farben, die ein Gefühl der Freiheit vermitteln. Luft ist kräftig und vital. Luft symbolisiert Freiheit, eine neue Phase und Weite. Die Sternzeichen Zwillinge, Waage und Wassermann sind Luftzeichen. Die Tarotkarten der Schwerter sind ebenfalls dem Element Luft zugeordnet. Luft beeinflußt das vierte oder das Herzchakra, das Herz, den Kreislauf und den Tastsinn. Luft ist regenerierend.

Das Element Erde

Zum Element Erde gehören kräftige Farben, wie blutrot, Farben, die den Kontakt zu Mutter Erde intensivieren. Erde symbolisiert Sicherheit und Beständigkeit. Erde ist kalt und dunkel. Erde ist dein Körper. Die Sternzeichen Stier, Jungfrau und Steinbock sind Erdzeichen. Die Münzen- oder Pentakelkarten des Tarot sind dem Element Erde zugeordnet. Erde beeinflußt das Wurzelchakra (erstes Chakra), das Skelett, die Tierwelt und den Geruchssinn. Erde ist Leben und Tod.

Das Element Feuer

Zum Element Feuer gehören leuchtende, helle Farben wie Gelb, funkelndes Gold, Orange und Weiß, Farben, die das göttliche Licht in sich bergen. Feuer symbolisiert die Lebenskraft, den Höhepunkt. Feuer ist völlige Harmonie, Einheit mit allem. Die Sternzeichen Widder, Löwe und Steinbock sind Feuerzeichen. Die Stäbe des Tarot sind dem Element Feuer zugeordnet. Feuer beeinflußt das Nabelchakra (drittes Chakra), die Organe und das Sehvermögen.

1. Phase: Die praktische Vorbereitung des Ortes, an dem das Ritual stattfinden soll.

Das Ritual basiert auf den Werten der vier Elemente; es ist also wichtig, daß alle vier Elemente am Ort der Meditation irgendwie vertreten sind! Wenn du im Freien meditieren willst, solltest du dich für den Strand oder das Ufer eines Sees entscheiden. Wenn du zu Hause bist, solltest du dafür sorgen, daß die Elemente in ihrer physischen Gestalt gegenwärtig sind: zum Beispiel eine brennende Kerze, ein Glas Wasser, eine Schale mit Erde und ein Stück Papier mit der Zeichnung eines Kreises, in dessen Mitte sich ein Punkt befindet, das Symbol des Elements Luft (die sogenannten "Element-Attribute"). Du kannst auch deinen Hausaltar benutzen, dann mußt du allerdings darauf achten, daß keine gegensätzlichen Dinge auf ihm stehen. Kleide dich, wenn möglich, ganz aus oder trage ein weites, weißes Gewand am nackten Körper. Sonst benötigst du nichts, aber du kannst natürlich Weihrauch verbrennen oder inspirierende Musik hören (oder selbst singen).
Sorge dafür, daß du allein bist oder, falls mehrere Personen teilnehmen sollten, daß alle Anwesenden motiviert genug und aufgeschlossen sind, um zu "geben" und zu "empfangen".
Zeichne einen großen Kreis um dich herum, auf dem du deutlich markierst, wo sich welches Element befindet. Wenn du zu Hause bist, stellst du die Element-Attribute an diese Stellen.

2. Phase: Das Sich-Einleben in die vier Elemente und ihre Visualisierung

Jetzt beginnt die eigentliche Meditation oder das Visualisieren. Setze dich im Schneidersitz in die Mitte des Kreises und entspanne dich. Atme tief ein und aus, über den Bauch, immer langsamer, bis du schließlich fast nicht mehr spürst, daß du atmest, werde eins mit dir, deinem "Ich" und dem Universum. Konzentriere dich auf das Element Luft und erfahre das Gefühl von Wiedergeburt und Freiheit. Laß dich durch die Luft in unendliche Weiten tragen und laß dich zum Feuer führen. Erfahre die versengenden Kräfte des Elements Feuer, aber laß dich nicht von ihnen abschrecken. Benutze die unbegrenzte Energieexplosion, um den absoluten Höhepunkt im Kern deines körperlichen und spirituellen Inneren spüren zu können. Laß dich von der Energie des Feuers zur Harmonie des Wassers tragen und komme zur Ruhe. Erfahre den endlosen Strom, die Weite des Wassers in all seinen Formen. Versuche dich in seine unermeßliche, unendliche Kraft hineinzuversetzen. Vereinige dich mit dem Wasser und laß dich auf seinem Strom zur Erde treiben. Verbinde dich mit der Erde und vereinige dich mit ihrer Kraft. Vertraue dich ihrem Schutz an und habe sie lieb. Die Erde ist dein Ziel, der Moment, an dem du dein "Selbst" dem All-sein anvertraust. Mutter Erde und das Universum sind vereint.

3. Phase: Die Rückkehr zu dir selbst

Kehre in die Gegenwart zurück, indem du wieder bewußt tief ein- und ausatmest. Zwinkere einige Male mit den Augen und strecke deine Glieder, laufe ein paar Schritte, jedoch nicht zu schnell. Erfahre bewußt das heitere Gefühl, das dich jetzt durchdringt und werde dir darüber klar, daß sich soeben dein ganzer Lebensweg vor dir entfaltet hat. Du hast die kosmische Empfängnis gespürt und gesehen: die Einswerdung des "Selbst" mit der Natur und dem Universum.

Dieses Ritual ist an keine bestimmte Zeit gebunden. Es kann solange dauern, wie du selbst willst. Es ist jedoch wichtig, es regelmäßig abzuhalten, mindestens einmal monatlich, so daß das Einweihungsritual der vier Elemente jederzeit ein Führer beim Erfahren der völligen Harmonie mit dem totalen Sein ist.

Hier endet das Handbuch für Hexen.

ANFANG